推薦の

　今から174年ほど昔，ドイツの法律家で後に帝国議会（Reichstag）
の議員にもなったユリウス・ヘルマン・フォン・キルヒマン（Jurius
Helmann von Kirchmann）は，「法解釈学の学問としての無価値性
（Die Wertlosigkeit der Jurisprudenz als Wissenschaft）」と題する講
演を行った（1847年）。当時のドイツの法律家や法学者のほとん
どは，法学や法解釈は，所与の法規範の文言から出発して，言語
操作と論理的推論のみによる「概念による計算」をして「法を発
見」することである，と考えていた。「法を創造」する立法と，
「法を発見」する法解釈とは，水と油のように異なる作業である
とされていた。このような，現在の日本の要件事実論のカリカ
チュアとも言える「概念法学」の正しさを，（現代から見れば愚か
にも）信じ込んでいたのである。そのような当時の法学界に対す
る，ほとんどテロとも言えるフォン・キルヒマンのこの講演に，
多くの法学者や法律家は非常に大きな衝撃を受けたと言われる
（碧海純一『新版法哲学概論（全訂第二版）』弘文堂，1989年，160頁）。
　それから40年足らずの後，かつて『ローマ法の精神』を著し歴
史法学のメインストリームにいたカスパー・ルドルフ・リッ
ター・フォン・イエリング（Caspar Rudolf Ritter von Jhering）は，
1884年に『法学戯論（Scherz und Ernst in der Jurisprudenz）』を
著し，「当時の法学がいかに論理の盲信にとりつかれ，そのため
に，現実の社会生活への奉仕という本来の使命を忘れて，抽象的
概念の遊戯に浮身をやつしていたかを鋭い諷刺を混えつつ摘示」
した（碧海・前掲書165頁）。公理と推論規則から定理を導く数学

の公理体系に対して（無理解に基づいて）憧れ，現実社会から遮断されたイデア世界のような法秩序の「論理的完足性」を前提として，言語操作と形式論理で全ての社会問題が正しく解決できると考える法学者や法実務家の迷妄を厳しく批判したのである。確かに考えてみれば，生身の人間からなる社会に生じる紛争や社会問題を，トートロジカルな「言葉遊び」や根拠薄弱な「類型論」や空疎な「抽象の思弁」によって適切に解決できるわけがない。

　フォン・キルヒマンやフォン・イエリングの考え方の根底を現代風に言えばこうなろう。すなわち，法とは，人間社会をより良くするために，特定の目的を実現するために創造された道具であり（法的道具主義），そのような目的に最も効率的・実効的に奉仕する法が「良い法」であり，個別の法が「良い法」となっているかを常にチェックし，そうでない不完全で非効率な法を改変し続けることが，法学者と法実務家の主要な仕事とされなければならない，ということになろう。そのような仕事を全うするためには，伝統的法解釈学の方法論は無力であり，ときに有害でさえあるので，新たな方法論を追求するべきである。

　このような法学内部からの反省と自己批判は，その後，目的法学，自由法論，そして法社会学へと発展して行った。アメリカ合衆国や北欧等での「リアリズム法学」にも影響を与えた。「法社会学（Rechtssoziologie, socio-legal studies, law & society）」の始祖の一人であるオイゲン・エールリッヒ（Eugen Ehrlich）は，1913 年の『法社会学の基礎理論（Grundlegung der Soziologie des Rechts）』において，「現代をも含めてあらゆる時代について言えることは，法発展の重心を成したものは，立法でも，法解釈学で

も，また司法でもなく，正に社会自体であったということである」と述べている（碧海・前掲書167頁）。エールリッヒの提唱した「生ける法（lebendes Recht）」の概念は，現代における「社会規範」，「ソフトロー」などとして，法社会学や「法と経済学（law & economics）」においてさらに発展して来ている。

　では翻って，現代日本の法学はどうであろうか。いまだにフォン・キルヒマンやフォン・イエリングによる正当な批判を受ける概念法学的なものであり続けているのであろうか。それとも，批判に応えて自己変革を遂げ，目的的・学際的・創造的で，社会の要請に対して応答的な法学となっているのであろうか。

　本書の著者である遠藤直哉弁護士の判定は，現代日本の法学は前者にとどまったままである，というものである。日本法学の現状に対するこの深刻な問題意識こそ，本書，そして，本書をシリーズ第5巻とする「法動態学講座」を，遠藤弁護士が執筆することになった根本原因にして原動力に他ならない。

　法実務家として大きな業績と社会貢献を達成してきた遠藤弁護士は，同時に，弁護士業務を超えて社会運動家としての活動でも大きな功績を上げ，さらには，若手弁護士に社会に貢献する真の弁護士業務の在り方を訓練する教育者でもある。これらのアチーヴメントだけでも，一人の人間が一生をかけて達成したこととは思えないほど偉大なものであるが，実は，私自身と遠藤弁護士の接点は，遠藤弁護士のもうひとつの顔の方である。それは，国際的な法学研究者としての顔である。

　本書を読めばすぐ分かるように，遠藤弁護士は，法律学だけではなく，法社会学，法と経済学，法心理学，認知科学等にも造詣

が非常に深い。これら学際的研究分野の理論と知見に通暁されて，自身の学際的研究成果を国内外の学会で発表されている。私が遠藤弁護士と友人になる幸運を得たのは，アメリカ合衆国の法社会学会（Law & Society Association）の年次大会でご一緒した際である。その後，内外の学術大会でご一緒して来ている。

　このように，学際的アプローチを自家薬籠中の物にし，さらには世界の法システムを知悉している遠藤弁護士であるからこそ，現在日本の法曹養成制度に対しても，「民事・刑事・行政の分野をバラバラで教育し，これらを連携させる最も重要な法社会学の教育が重視されていない。三権分立を超える法システムの教育もできていない」と的を射た問題提起をすることが出来るのである。そして，「法の担い手の教育には，動態的に日本の法社会全体の俯瞰をする教材が必要となる……」として，本書を執筆されたのである。

　詳細は本書を読んでいただく他ないが，遠藤弁護士は，「法制度の4段階ピラミッド・モデル」と「法機能の2段階ピラミッド・モデル」を構築され，それらを道具概念として駆使して，刑事・民事・行政・団体の法規制（第1章），会計粉飾問題（第2章），医療事故（第3章），薬事規制（第4章），弁護士業務（非弁行為禁止）（第5章），そして団体組織論（第6章）と批判的分析を展開されている。これら具体的社会問題に対する遠藤弁護士の問題意識，批判，そして解決へ向けた政策提言の多くに説得力を感じる読者は少なくないであろう。青年のような若々しい文体で綴られた分析と結論には，立場や意見を異にする読者も，少なくとも魅力を感じざるを得ないであろう。

　私はかねてから，「法と社会の共進化モデル」を提示し（太田勝造『社会科学の理論とモデル 7 法律』東京大学出版会，2000 年など），広義の立法事実を活用し，事実と証拠に基づいた法的議論をするべきである，すなわちエヴィデンス・ベース・ロー（Evidence-based Law: EBL）を実践するべきであると提唱してきた（太田勝造『民事紛争解決手続論』信山社，1990 年，太田勝造(編著)『AI 時代の法学入門：学際的アプローチ』弘文堂，2020 年）。そのような私の立場からは，遠藤弁護士が本書で，「むしろ，弁護士が法解釈を基礎づける法解釈の『立証』，そしてその法解釈を必要とする事実の『立証』を積極的に果たす役割がある」と主張されるとき，我が意を得たり，の気持ちを強くする。遠藤弁護士の言葉は，弁護士の使命はエヴィデンス・ベース・ローの実践にある，とおっしゃっていると解されるからである。

　以上，縷々述べてきたように，本書は日本の法社会全体の動態的俯瞰を学際的に行おうとするものであり，法学部生，法科大学院生，司法修習生はもとより，法学者，法実務家にとっても，本来の法システムの中で舵取りをする上での「導きの星」になると期待される著作である。本書が広く読まれ，日本の法システムの改革へ結実する運動の引き金となることを祈念する次第である。

明治大学法学部教授
東京大学名誉教授・弁護士

太　田　勝　造

は し が き

　私は法社会学の一層の発展に寄与したいとの想いから，継続して研究を続けて参りましたところ，此度，法動態学講座 5 の出版をもって，その成果を公表させていただくことになり，大変感慨深いものがあります。本書は，2020 年（令和 2 年）6 月 26 日日本法社会学会学術大会のミニシンポジウムで発表しました成果をまとめたものです。

　この大会は，新型コロナウイルス感染拡大防止のため，オンライン会議で行われました。それにも関わらず，多くの方々に御参加いただき，貴重な御意見も拝聴させていただきました。また，司会兼座長として，太田勝造教授の御協力をいただきました。厚く御礼申し上げます。

　私は司法改革に取り組み，法科大学院設立に向けて，その教育はいかにあるべきかに苦闘して参りました。研究の進むたびに，日本法社会学会，米国法社会学会やアジア法社会学会で報告をさせていただきました。宮澤節生先生をはじめ，多くの先生方との意見交換は大変貴重な機会となりました。皆様に深く感謝申し上げます。

　以下，本書のタイトルについて，簡単な解説をします。

■ 刑事・民事・行政・団体の法規制モデル
　本書第 1 章の法規制モデルについての基礎的研究は，法動態学講座 1「新しい法科大学院改革案」に詳細に記述しています。

今回，これを要約しつつ，現在の日本の法実務に則した形で，さらに分かりやすく，総論として提示しました。

■法システム解明のミクロ法社会学

日本の現行の法システムの全体像を明らかにするものです。

法システムの内部の構造を明らかにするものであり，外部の政治権力や経済的要因を直接には扱っていないので，ミクロ法社会学として提示するのが適切と考えました。

各実定法の専門領域に分かれて研究がされている中で，これを関連付ける本書は，実定法学のマクロ分析と表するものとも言えます。しかし，伝統的な法社会学は，実定法の外の要素を含めて対象とするので，本書の方法論は，ミクロ法社会学とするのが的確ではないかと思います。

■法学教育・社会人教育の新教材

私は，司法改革の運動，法科大学院設立の提言を通じて，一貫して，実務と研究を架橋する教育を主張してきました。私は，小島武司教授の実務と学理の乖離を指摘された意見を発展させ，1999年「実務・研究・教育の統合を目指す法科大学院構想」との論文を発表しました。これをもとに，第二東京弁護士会の法曹養成センターの責任者として，法科大学院設立の提言書を作成し，司法改革審議会に提出しました。司法改革審議会はこれを取り入れ，法科大学院教育とは「理論的教育と実務的教育を架橋するもの」と表現しました。本書は，この課題に答えるための解答と言えます。研究者の先生方には，法学教育や法学研究の基礎的枠組

みとして，弁護士・裁判官・検察官の実務法曹には，実務的処理の理論的支柱として大いに役立つものと思います。また，公的機関，企業，マスコミの方々にも，自らの位置づけができるようになり，いかに主体的に法に関われるかが分かるので，活用いただけると考えます。

　そして本書の第1章総論は，方法論の提示であり，さらに，第2章以下は各分野での応用の成果を提示しました。本書では間に合いませんでしたが，情報法なども準備しておりました。その結果として，あらゆる分野に応用できる方法論であることが確認できましたので，学生にも実務家にもお役に立てると確信します。

■マクロ法社会学

　本書を完成するに至り，さらに法システムに大きな影響を与えているものに取り組む必要があるとの結論に至りました。今まで，法社会学会での報告や議論を拝聴し，法の形成に与える法の外部の力を観念せざるを得ませんでした。しかし，個別的な形での報告が多く，法学教育に必要な包括的な形での提示とは言えませんでした。そこで，現在までの隣接の学問の成果を取り入れることを必要と考えました。すなわち，経済学，政治学，社会心理学，政治哲学などの知見をとりこめば，経済，権力，市民運動，世論などが法システムにどのような影響を与え，どのような相関関係を持つかを明らかにできます。その結果，法の形成の発展に寄与することができます。また，災害や温暖化の予防と事後処理は，法を揺るがしています。そして，科学技術の進歩自体が，法システムを動かす大きな要因となっています。新型コロナウイルスと

の闘いは，法の変革を迫るものであったことからも，明らかと言えます。法の外の要因が，法を動かしていくことは明らかであり，この法の動態を的確に捉える方法論を提示できれば，法の担い手としての実務家や教育者に資することになります。

　これをマクロ法社会学として提示し，法動態学講座のシリーズでの発表を予定しています。私としては，法曹増員の議論の中から，法曹の公共性とは何か，法曹の量と質との相関関係が何かについて，既に公共経済学の知見を元に，法動態学講座1で公表してきました。このような経験を経て，今後さらに，ミクロ法社会学を精緻に構築するためにも，本書で言外では意識していたものの，直接には扱えなかったマクロ法社会学をまとめる必要があると考えるに至りました。今後の法社会学のさらなる発展を祈念して努力する所存です。

　2021年4月

遠 藤 直 哉

目　　次

目　次

目　次

法動態学講座 5

刑事・民事・行政・団体の
法規制モデル

法システム解明のミクロ法社会学

—— 法学教育・社会人教育の新教材 ——

人・企業・ウイルスの対立を抱える社会の 法はどのようにあるべきか

── 刑事処罰に依存しない法システムの構築に向けて ──

1 「事前規制から事後規制の社会へ」の空疎なかけ声

　日本では1980年代から，行政改革や民間活力拡大の必要性が叫ばれ，行政規制の緩和が進んだ。2000年以後は，小泉純一郎首相による郵政民営化を始め，官から民への権限の移譲が行われた。この状況に合わせて，司法分野でも，「事前規制から事後規制へ」のかけ声で，行政の事前規制を緩和し，被害や紛争が発生したらそのときに民事裁判や刑事処罰で解決しようという主張が大きくなった。

　この発想には基本的欠陥がある。経済活動に関する行政規制（経済的規制）を緩和することはよい。しかし，その反面，自由経済の下で経済活動の行きすぎや歪みも生じる。消費者や労働者の安全を守るため，人々の生活の安全などの安全規制（社会的規制）は逆に強化すべきだ。被害の多発を容認するような方法はおかしいのである。被害者発生防止のために，法令や通達で事前のルールやシステムをつくるべきだ。

　しかし，政府は，この空疎なかけ声の下，被害や紛争が生じる前提で，裁判で迅速に解決するために弁護士の増員に取り組んだ。この20年で，弁護士は2倍以上に増えている。

　弁護士は増えたが，果たして，法社会は円滑に回っているだろうか。残念ながら，民事裁判の差止や賠償の請求は充分に認められず，事件が起こるたびに，後手に回り，刑事処罰に依存しているのが実態である。近代以前，世を鎮めるためには，人身御供に始まり，獄門さらし首，市中ひき回しがなされた。未だに，一罰百戒のみせしめのための刑罰となっている。要は，日本は法の後進国なのだ。欧米のような民事裁判中心の法社会にすべきであり，司法改革でも取り上げられたものの，進んでいないのである。

2　刑事制裁は過剰ではないか？

　日本では，戦前の刑事弾圧を引き継ぎ，経済取引や医療にまで，過剰な刑事制裁が横行してきた。突然の逮捕などに始まり，大混乱のうちに捜査，裁判が進むが，誰も得をしない結果になる場合が多い。ホリエモンこと堀江貴文氏やカルロス・ゴーン被告の事件はその象徴と言えよう。

　だが，取締役やビジネスマン，公認会計士，医師や看護師が，強盗殺人犯などと同じような扱いをされることが許されるのだろうか。

　殺人，強姦，傷害などの犯人は，直ちに危険な行為をやめさせるために隔離をし，再犯を防ぐためにも拘禁刑が必要となる。被害者は復讐の感情を持ち，厳罰を望むので，同じような苦しみを

与える必要もある。それにより，実際の復讐の代わりとしているわけだ。これらは自然犯に対する処罰として存在してきた。

　しかし，経済活動，会計税務，医療などの分野では，法令違反をした者を復讐の観念をもって拘禁する必要はない。自然犯とは異なり，国家が政策を実行するために様々な法令をつくる結果，これに違反すると法定犯と言われ，一応は自然犯と区別している。それにもかかわらず，ほとんど同じに扱うために，過酷な状況に陥った方々がいるのだ。

　日本長期信用銀行（長銀）や日本債券信用銀行（日債銀）の頭取，厚生官僚の村木厚子さん，東京女子医科大学の心臓外科医師らは無罪となったが，長期勾留をされていたことは取り返しがつかない。

　重要なことは，経済や医療に関し，様々な被害が発生したときには，対症療法たる場当たり的な刑事処罰によらずに，原因究明をしつつ，被害を回復，救済するという民事や行政の先進国並の法システムをつくることである。

　これができていないために，ほんのわずかの人が人身御供とされ，さらし者にされてきた。自らがそのような目にあえば，誰もが日本社会の恐ろしさがわかるであろう。

3　被害救済と共に予防システムの構築へ

　経済社会を安定的に発展させるためには，多くの法令が必要となる。資本主義社会では，公害，製造物責任，消費者被害など多くの被害が発生し，迅速かつ充分に賠償する必要がある。また科

学技術の進歩により，薬害，医療過誤などの被害も発生し，その補償も必要となる。

　その上で，被害発生を予防する法的なシステムは，そのような被害の調査，調停や裁判の紛争解決を通じて，その情報をもとにして構築することになる。経済学では，「市場の失敗」と言われ，経済活動に伴う被害や不公正な格差の発生を必然とし，これを是正するための政策やシステムが必要であるとされている。特に，ノーベル賞経済学者スティグリッツらによって公共経済学が発展し，具体的な政策やシステムも提示されてきた。

　このような学問的成果をもとに，民事裁判を通じての被害救済を実効的にし，行政主導による予防システムの構築を進めることが重要である。被害救済を事前にシステムに組み込むことも可能だ。刑事手続に依存することなく，民事司法制度を強化し，行政手続も実効的にするために強化する必要がある。

　特に，新型コロナウイルスの緊急事態宣言の下では，民事裁判や刑事手続に頼ることはほとんどできない。行政の強力な直接的執行により，感染拡大を防ぐ法システムの構築が必須となる。

4　民事司法をドイツ型に強化せよ

　民事裁判では，重要な証拠の提出を受けて，審理をしなければ判決を書けない。

　英米では，長い歴史の中で証拠を強制的に提出させるシステムを徐々につくり，現在では証拠開示制度（ディスカバリー）という強力な武器が原告と被告に与えられている。米国映画を見ると

き注意すれば，その場面を目にすることがある。トラックいっぱいの書面が原告側に届けられるシーンもある。

　日本ではこの制度がないため，民事裁判は白黒をはっきりさせることができず，グレーのままに長引いて，安い金額での和解になる傾向がある。つまり，被害の救済が充分ではなくなる。このため，人々は裁判をしてまで賠償請求をすることに躊躇し，訴訟が増えないのである。

　政府は，司法手続による被害救済を進めようと弁護士を増加させたが，証拠開示制度が改善されないために，裁判が活性化していない。日本では，行政や企業側が，証拠を見せたくない，内部の秘密だと言い，裁判官もこれを放置しているのだ。

　これに対して，参考になるのは，ドイツの裁判制度である。筆者は長年，その制度を真似すべきだと主張してきた。日本の民事訴訟学者も賛成し，多くの文献を紹介している。

　ドイツでは，証拠開示の代わりに，裁判官が訴訟指揮をする中で，証拠を持っていると推定される者に提出命令をし，合理的な説明や反論がない限り，提出しない者に対し不利益を与え，または敗訴させる。この方法により，ドイツでは裁判が活性化し，迅速かつ実効的な解決が図られている。もちろん，この制度の導入に合わせて弁護士も増員された。

　このようなドイツの職権主義や弁護士増員のモデルに，日本の弁護士会の従来の役員らはほとんど理解を示さなかったため，改革が進んでいない。

5　行政手続も欧米型に強化せよ

　行政の安全規制や社会的規制を強化するためには，直接的強制を含む行政手続を強化する必要がある。

　戦前の行政手続法は，ドイツの国家主義的手続を参考に，行政庁が直接に人々の生活を制約できることになっていた。現在の，中国の新型コロナウイルス対策をはじめとする国家的政策の権力的発動を認める考え方に通じるものだ。

　日本では戦後，人権の保障を重視し，米国の制度を参考に，直接の権力的執行を廃止し，ごく一部の重要な条文の違反については，刑罰によって対処することとした。しかし，刑罰の適用はごく一部の悪質なものにしかできないため，ほとんど死文化し，その政策が実行されず放置されている例が多くなった。

　これに対し，米国では直接的強制に加えて，行政庁が民事裁判を提起し，強力に執行している。

　日本では，ドイツ型，米国型のいずれも採用できずに，公務員も充分な役割を果たせない状況に陥っている。今回の緊急事態宣言下の行政からの「自粛要請」とは，まさに日本の法的強制力の弱さを示している。日本は法治主義ではないのではないかとの疑問も出されている。行政側もこのような状況を認識し，直接的強制を取り入れてシステムとしての実効的機能を強化しなければならない。

6　ホリエモンの暗転からゴーン逃亡劇へ

　ホリエモンは，IT企業上場，メディア買収騒動，政界挑戦の華麗な舞台から，一挙に実刑にまで暗転した。ライブドアの株主は，ホリエモンの逮捕により，突然の株価下落に見舞われ，大きな損害を受けた。公認会計士も逮捕された。

　しかし，その粉飾の内容は悪質ではなく，金額もわずかだった。刑事手続によるべき事案ではなく，行政庁の処分や民事裁判が先行すべき事案であった。まさに弱すぎる「行政と民事司法」の中で，実刑までのさらし者にされたのは，江戸時代と変わりはない。

　ゴーン氏も，本来は，内部告発，取締役会，株主総会などで解任され，損害賠償請求されるべき事案だ。突然の逮捕にあい，ホリエモンと同じ暗転に恐れをなして，逃げ出したのも当然だ。ゴーン氏は，ホリエモンの事件から学んだのだろう。ゴーン氏の逃亡を批判するより，私的に奪われた会社財産を回復し，監査役や監査法人の責任を問い，システムを改善することが急務である。

7　オリンパス粉飾から東芝粉飾へ

　日本では，循環取引，架空取引，カラ売り，飛ばし，在庫操作，債務隠しなどで会計を粉飾することが常態化してきた。この分野でも見せしめ的な刑罰先行で，全体的改善はなされなかった。その典型は，カネボウ事件であり，取締役と公認会計士は刑事処罰を受け，中央青山監査法人は解散した。

　同じく，エンロンの連結外しの巨大な粉飾による破綻，その会

計事務所のアンダーセンの解散が続いた。さらに，真似したかのように，オリンパスと東芝でも同じような粉飾会計が行われた。世界的に蔓延したM＆Aに伴う新たな「のれん」の過大評価を利用する粉飾を含んでいた。大手会計事務所の密接な国際連携が，粉飾の感染を広げたかのようだ。

　その結果，オリンパスは，日本で初めて「のれん」の過大計上が有価証券の虚偽記載として刑事処罰された。但し，その前にマスコミ報道を受けて，オリンパスの第三者委員会が調査を始め，メイン報告書，第一分科会報告書，第二分科会報告書を提出した。

　メイン報告書では，取締役，監査役，監査法人の責任を認めた。さらに，第一分科会報告書は，取締役の責任を明らかにし，第二分科会報告書は監査役の責任を一部認めた。しかし，監査法人については消極的結論だった。監査役と監査法人の業務はほとんど重なっており，監査法人の責任を外す例外的な理由は明確には記載されていない。この点については，監査法人の責任を問う民事訴訟の中で，明らかにされるであろう。

　この報告書に続いて，オリンパスに対して課徴金1.9億円，監査法人（あずさと新日本）に対して業務改善命令の行政処分が出された。同じく，東芝の「売上過大計上」では，東芝に対して課徴金73億円，新日本監査法人に新規契約の業務停止命令と課徴金21億円，所属する公認会計士7人に業務停止命令という処分となった。過去の多くの粉飾事件の中で，最も重い処分だった。

　オリンパス事件では，前記報告書と行政処分を材料にして，取締役に対しても刑事判決が下された。さらに民事訴訟で，取締役が会社に対し違法配当分約586億円を支払うよう命じられた。行

政庁が容易に行政処分をせず，粉飾会計を放置してきた状況を変え，大きく転換しはじめる動きといえる。

　これは，マスコミ報道，第三者委員会報告書，行政処分が先行し，さらに，刑事判決において証拠が明確になり，民事訴訟で被害救済がなされるという最近のモデルである。しかし，本来は，被害のあるたびに民事訴訟だけでも，会社，取締役，監査役，監査法人の責任を認定すべきなのである。時あたかも，東芝の「のれん」過大計上については，オリンパスと似た構造であることから，行政処分や刑事手続のない中でも，株主代表訴訟が進行している。司法が民事で取締役や監査法人に責任をとらせれば，先進国並の解決となる。

8　長銀日債銀：監査法人の責任は？

　長銀や日債銀の事件では，整理回収機構（RCC）が銀行の取締役を刑事告発し，民事で違法配当の賠償訴訟を提起した。当時大蔵省が通達を出し，親会社から子会社への貸付金についても，不良債権ならば貸倒引当金を計上する義務を負わせていた。バブル経済の収束を図る最も重要な政策だったため，これを取締役も公認会計士も厳に遵守する必要があった。当初の地裁と高裁の刑事判決では，当然のことながら，会計法規や会社法について，法令遵守の責任を問い，違法行為の実行として，有罪とした。

　しかし，民事裁判では一審から，従前の税務は貸倒引当金の計上を厳格に狭くしていたことを斟酌しつつ，その通達は周知されていなかったとして，原告敗訴とした。刑事裁判もこれに引きず

られて，最高裁で大逆転の無罪とした。

　この事件で，取締役，監査役，監査法人に刑事責任を押しつける必要はない。しかし，民事訴訟について言えば，監査法人はその通達の重要性を充分に知り尽くし，取締役・監査役と協議し，指導すべきだったことは明らかである。当時，RCC は取締役のみを被告としていたため，取締役が従前の慣行に従った対応は違法とされずに敗訴した。もし，監査法人をも共同被告として訴えていたら，双方共に違法配当の責任を認められたものといえる。少なくとも監査報酬全額の返還を命ずるべきである。

　当時は，監査法人への賠償請求事件はほとんど敗訴していた。しかし，ナナボシ事件で，トーマツ監査法人の責任を認める裁判例も表れていた。それにもかかわらず RCC は，これほどの社会的な大事件で監査法人を提訴しなかったために，判決では真の責任が明らかにされなかった。但し，RCC は，長銀取締役の一審有罪判決の頃，太田昭和監査法人と調停の和解で二億円の監査報酬を返還させるとの一定の成果を残した。

　日本の社会で継続してきた大量の架空取引，飛ばしなどの粉飾について，行政や民事司法がその責任を監査法人に問わずに放置してきたため，オリンパスや東芝の大きな粉飾につながったとみなければならない。

　最後に，民事では刑事と異なり，取締役や公認会計士の賠償額を限定したり，多くの者に分担させたり，保険でもカバーできるという長所があり，それ程，過酷ではないことをつけ加えておきたい。

9　個人情報保護より情報公開が大事

　欧米の法社会を参考に，日本を改革していくには，もう一つの大きな課題がある。それは，あらゆる分野における情報の開示の拡大である。民主主義社会の基本は，言論の自由の保障の下で，活発な議論を通じて政策を決定していくことだ。その議論に絶対に必要なものは，原則として全ての正確な情報である。新聞や雑誌における報道事実，意見の公表など全てが議論のための資料となる。

　この情報社会は以下のような法制度を基盤として成立している。

　第1は，行政情報の開示制度である。2001年に情報公開法が施行され，行政の適正な運用を監視し，さらに意見形成の資料とすることができるようになった。裁判の資料とする道も開かれた。

　第2は，上場企業の有価証券の開示（ディスクロージャー）である。経済社会の参加者である株主を保護するために，会社の経営内容を正確に開示させ，適正な投資を確保することになっている。株式の内容を明らかにするという意味がある。その背景には，大量の物品が製造され，販売されるときに，その商品の内容を適正に表示し，説明義務を果たすべきとの製造物責任の法理がある。近代経済学では，情報の非対称性を減少させることが効率性からも必要であると言われているが，それと同じことである。

　第3に，法制度をどのように整備しても，どうしても被害や紛争が発生することから，民事裁判において解決せざるを得ない。このとき，証拠開示（ディスカバリー）がない限り裁判が成り立たないが，日本では，米国のような全面的証拠開示制度がないば

かりか，文書提出命令の制度においても，狭い運用に陥っている。

　以上のように情報社会が進展していったところで，2005 年に個人情報保護法が施行された。個人の情報，例えば銀行との契約書，病院のカルテなどについて，本人でも見ることができない状況が続いてきたが，本人の財産また権利として，本人は必ずその情報を得られるという重要な原則を採用した。

　しかし，これを多くの人々は曲解した。情報開示が拡大しつつあったそれまでの状況を変えて，個人情報を保護するという名目で，あらゆる分野で情報開示を抑制しはじめた。

　筆者は施行当初から講演を依頼されてきたが，その際，情報開示の流れを変えてはならない，例外的に個人情報を守るものだと主張し続けた。しかし，社会の底流にあった強い閉鎖的な意識が，あらゆる分野で情報の開放を押しとどめてしまった。日本人の意識が全く近代化されていない象徴と思われてならない。情報の偏在，格差，隠蔽がある限り，言論の民主主義，健全な資本主義は成り立たない。

10　三権分立から三権連携へ

　筆者は約 30 年前から，弁護士会の役員として司法改革に取り組んできた。当初は，新しい民事訴訟に向けて改革することを目指した。その後，抜本的な改革を唱え，全国の法学部の先生方を回って歩き，法科大学院の創設を訴えた。新しい法学の創設を目指し，大学教授自身にも改革を求めるものだった。政府が 1999年に設置した司法制度改革審議会はこれを採用した。司法改革の

唯一の成果と言えた。

　私の提案は，大学に法学部を残すのであれば，入学定員約30人の小さな法科大学院を作り，司法試験の合格者を1000人から徐々に増加させるというものだった。しかし，司法制度改革審議会はいきなり，合格者3000人を打ち出し，なんと文部科学省は最大で74校，入学定員5825人の法科大学院を認可してしまったのである。

　法学教育の中身をほとんど変えることができないままに，弁護士の数だけ増えることになった。

　今からでも，法科大学院の創設の理念に帰り，法科大学院を修了した法務博士の増大をより前向きにとらえ，立法，行政，司法を担う人材を養成する新しい役割を法科大学院に与え，司法改革という狭い枠を超える理念を持たせることは可能である。

　1990年代に政治改革が行われたが，衆議院の選挙制度は，社会の多様性を政治に反映させるため，多様な人々の意見を各々代弁できる代表を選出する制度にすべきだった。小選挙区制採用によって3割以上の死票を生むことになり，改革は成功しなかった。行政改革と司法改革も，前述のとおり頓挫した。

　そもそも，三権分立を前提とした各々の改革の範囲自体が狭すぎたのである。法科大学院において，三権を連携させる統合的な教育をするならば，改革の全体像を理解して，各人が参加意識を持って役割を充分に果たせるはずだ。

11　法科大学院の改革と人材育成を

　日本の法社会を変えるには，三権へ送り出す人材を養成するための新しい法学教育をしていく以外にない。しかし，法科大学院の現状は，以前の法学部の教育と変わらず，司法試験の中身も変わっていない。

　民事・刑事・行政の分野をバラバラで教育し，これらを連携させる最も重要な法社会学の教育が重視されていない。三権分立を超える法システムの教育もできていない。また，法学部から司法修習まで5年以上，ほとんど英語教育は空白となる。法曹は，英語を使わない影響もあり，欧米の法システムに関心を示さない。留学する法曹は，日本法と余りに異なる欧米の法システムに驚愕するにとどまっている。

　筆者は，日本の法社会を変えていく設計図を多数の著書で公表してきた。だが，これを理解させ，教育しない限り，つまり，この設計図を使える人材を養成しない限り，法社会のシステム構築はできない。現在まで，民事訴訟は改善されず，訴訟数も増えない中で，弁護士の不祥事が増える事態になっている。教育を改めれば法社会の改革は進むのである。大きな改革となるが，例えば，卑近な例としても，貸金過払金請求や肝炎損害賠償請求などでも，弁護士事務所の過大広告による集客と請求処理がされているが，それよりも被害者に有利な法システムをつくれる。

　今後，法科大学院で新しい教育を受けた法務博士は，三権や企業に新しい思想を持って進出すべきだ。司法修習は廃止し，25歳で実務につき，その後，他の職種と大いに人材交流する。弁護

士を 10 年経験してから判事・検事に任官すれば，常識ある処理ができるはずだ。

行政の安全規制や社会的規制の強化を目指すためには，公務員を増加させる必要がある。そして，その質を上げるために，法曹資格のある公務員を増やさなければならない。

12　感染症対策の法システム

今回の新型コロナウイルス対策の入口から出口まで，さらに，数次の襲来に対処するため，平時の法システムからの連続性の中で，数段強力なシステム構築をすべきことが，再認識された。裁判などの個別処理はしづらいので，一律に，法令や公的ガイドラインで決定するべきである。

たとえば，家賃は敷金の範囲内で相殺できるとし，相殺できないとする契約条項を無効とする。金融債務の返済を 6ヶ月間猶予し，強制執行を禁止する。従業員の休業手当と解雇制限をレイオフ（一時解雇・再雇用）に一本化して認め，失業保険で全てを救済する。法令であれば一律実施できるが，公的ガイドラインでも裁判官は採用できるので，予測が立ち，訴訟の多発を防げる。

他方で，ロックダウンのような一律の過酷な行動禁止は，人権と経済を阻害する古いやり方である。新しい方法は，検査やアプリなどで感染症の拡大状況をとらえつつ，多様な直接的強制力を使い，情報の発信と共有，インセンティブ誘導策，迅速果敢な医療政策を法システムに取り込む予防策である。

法律家の任務は，生活・経済・感染症を抱える社会の法システ

ムの設計図を描き，教育し，実践し，また書き換えていくことである（詳しくは筆者 HP「新型コロナ制圧対策の緊急事態法提言書」参照）。

［本稿初出：中央公論 2020 年 7 月号］

第1章

刑事・民事・行政・団体の法規制の架橋

第1　法社会学の役割

1　法制度と運用

　法制度は，ソフトローまで含めて大きく分類すれば，刑事，民事，行政，団体の4つのサブシステムへと分かれる。しかし，これらのサブシステムの間の関連性についての研究や教育が十分にはされてこなかった。今や，その関係性と全体の動向を把握しなければならない。

　そして，法制度が実効的に機能しているかどうかは，各サブシステムばかりか，全体について，その運用が円滑化しているか法社会学的に検証しなければならない。

　つまり，様々な社会的課題や問題について，民事法，刑事法，行政法がどのように対処し，機能しているか，法的ルールがどのように解釈適用されているか，もしもその実効性がないと判明した場合には，どのような立法をするべきかが（法改正を含め），法社会学的に検討されなければならない。

2　三権分立から三権連携へ

　憲法上の原則として，三権分立は，最も重要な法制度とされてきた。確かに，歴史上，議会中心主義，司法の独立，及び権力のチェックアンドバランスは大きな価値が認められてきた。しかし，他方で日本では，その運用においては議院内閣制と官僚制により，立法と行政の不可分化と連携が進んだ。そして，司法は，長期にわたり立法権を尊重し，違憲立法審査権をほとんど行使せず，また行政の裁量権を広く認め，原則として行政側の決定を肯定し，取消などをしなかった。司法は消極的な意味であるが，立法行政を支えてきたといえる。他方で，司法で多発する紛争（例えば養育費請求，過払金返還請求）を，一律に行政的手続で救済する方法も，実現可能性が高まっている。以上によれば，日本はいわゆる行政国家または福祉国家として，積極的な法政策を打てるはずである。少子化の防止，犯罪数と失業者数の低下などを目標に法整備も可能である。

3　法の担い手

　裁判官，検察官，弁護士，司法書士等の法律専門家，公務員，企業の法務部員等は，上記三分野の法の相互関係と機能とを理解した上で，有効に効率よく法を運用していかなければならない。そのためにはまず現実の法令（ハードロー），そして行政や団体のソフトロー，さらには判例の動向などを理解し，自らの立場において法を担っていかなければならない。法学研究者の役割は，

上記の法の実務家の成果を把握すると共に，外国法を参考に今後の動向を示すことである。しかし最も重要なことは，法の教育者として，将来の指針を示すことが重要となる。そこで，従前の判例研究における解釈論の検討だけではなく，法動態学に基づく，判例研究が必要となる。この点は，ほとんど学会においても十分認識されていないといえる。法社会学会ばかりでなく，私法学会や民事訴訟法学会などあらゆる学会において着手しなければならない課題である。

4　進行中の事件の普遍化

　そして，実務家においては，過去の判例の拘束性を重視し，業務をするのが一般的であったが，今や判例の漸進的変更性を重視しなければならない。その困難な課題に協働して研鑽をするためには，現在進行中の訴訟案件を含めて，研究者と検討しつつ，報道機関にも公表し，正義の実現に向けて裁判所にも，主張や立証を尽くさなければならない。弁護士にとっては，依頼者の守秘義務もあり，自己の依頼者の利益のみの追求として一方的な情報の開示とみられることになりかねない。それゆえ従前には，一般的には，継続中の事件を学会等での公表は回避されてきた。ただし，公害や原子力発電などの社会問題，冤罪等の重大な人権侵害等は，公の議論にされてきた。そのことは，マスコミが取り上げる事案ということであった。しかしながら，マスコミが取り上げなくても，社会的な案件，類似に多発する事件，多くの人に影響を与える判決，明らかに非常識な下級審判決などが同じく，最終的な結

論たる最高裁判決が出る前に，多くの関係者や研究者に公表し，意見を求め，裁判に影響を与えることが法動態学の見地からしても極めて重要である。例えば，労働組合運動の歴史において，労働者の立場を強化するために，訴訟を有利にするため様々な活動をしてきたことが，司法の改善につながったことをみれば明らかである。それゆえ，弁護士が社会に公表し，検討を要請することは，方法論として，その事件の社会性を明らかにし，個別事件としてではなく，普遍的な課題として，世に提起するのであれば可能であり，むしろ積極的に推奨されることである。日本においては，弁護士会においても，法科大学院においても，このような観点からは全く教育がされていない現状がある。今回の学会報告にあたり，若手弁護士の報告につき，まず個別事件に触れることの拒否反応を克服し，指導することの困難な経験を経ることとなった。しかしながら，過去において，弁護士の出版物は，自己の扱った訴訟の過去の資料に留まるもの，自己の実績を報告するものなどであり，ほとんど普遍化されないままに，他の弁護士や研究者の役に立っていないものが多い。本書では，随所に現在進行中の事件を普遍化して問題提起をする方法論をとっている。今後，このような方法論が発展することを期待するものである。

5　法社会学（法動態学）の目的と方法論

　法社会学（法動態学）とは，「法の動態に応じて法の担い手の選択可能性を提示する学問」であり，以下の課題を対象とするものである。

① 　実定法（六法・行政法・主要特別法）の相互の機能的関係性
　は何か。

② 　ハードローとソフトローの構成または機能はどのように
　なっているか。

③ 　法制度は運用（法解釈）によりどのように変容しているか。
　社会変動に合わせた法の漸進的変更性は円滑に機能している
　か。新たな立法や法政策を必要とするか。

④ 　法の担い手は，法の動態に応じた選択可能性の中で，どの
　ように主体的に参加できるか。経済学・政治学・心理学・科
　学をどのように参考とするか。

6　法社会学の必修化

　法学部や法科大学院において，法の担い手を教育するうえで，
法社会学は必修化すべき課目である。しかし，現在，多くの法学
部や法科大学院では，法社会学の講座すらない状況である。すな
わち，民事，刑事，行政の分野がバラバラで教育され，その関連
性が教育されていないが，その大きな原因は，法社会学教育の軽
視による。各分野を架橋する教育は法社会学以外にない。特に，
法社会学が法動態学を導入し，法学部・法科大学院で，真の意味
でその名に値する法の担い手を育成することにより，初めて，個
人（国民）と企業や団体の活動について，司法と行政が連携して，
支援し，日本の法社会を，円滑にかつ健全に進めることができる
ようになる。

7　新しい教材

　現在まで法社会学の多数の文献が出版されている。しかし，法の担い手の教育には，動態的に日本の法社会全体の俯瞰をする教材が必要となるが，充分提供されていない。また，法の担い手は，ごく少数の研究者を除けば，すべて実務家として業務をすることとなる。それゆえ，日本においては，各実定法の連携強化の教育と共に，実務と理論の架橋をどのようにするか，外国の法制度と運用を，日本社会にいかに架橋させるか，が教育の最も重要な課題となる。本書は，その多くの目的のための第一歩の教材として作成されたものである。

8　自然犯の刑事制裁と予防政策

　殺人や強盗など自然犯については，刑事処罰に依存せざるを得ない。これまで特別予防と共に，復讐観念を満たすための刑事重罰化が原則とされてきたといえる。全体的な犯罪率は確かに低下し続けているが，その原因が厳罰化であるという証拠はない。社会制度や社会規範，法意識・法文化，技術革新，経済状況，教育水準など，厳罰化の他の多様な仮説が構築できるが，どれにも確定的な実証研究は存在しない。

　自然犯のほとんどの場合，犯人は資産を有しないために，民事訴訟による損害賠償制度は被害者救済としてはほとんど機能しない。被害者救済は社会保障的給付によるべきである（行政主導型）。損害保険や弁護士費用保険など種々の保険制度の充実も必要であ

る。

　それ以上に，最も重要なことは，犯罪予防の法政策や社会政策である。犯罪社会学の発展により，多様な政策が公表され，実施されている。これもその中心は行政主導型である。自然犯は，個人の資質のみによるものではなく，経済的格差社会，社会的精神圧迫構造から生ずる面もあり，法の担い手が，多くの役割を果たさなければならない。犯罪社会学の成果を法学部や法科大学院でさらに教育するべきであり，公務員を中心に法を改善していくべきである。

　法曹三者は，主として刑事裁判を通じて，自然犯の規律を担当しているのが現状である。本来は，犯罪予防から，犯罪捜査，裁判過程，矯正まで一貫した形で関与すべきだが，裁判過程中心に留まっている。今後は，法曹三者も関わる形での，自然犯の予防，制裁と矯正に関する研究や教育の充実をしなければならないが，本シリーズでは，将来の課題とする。

9　法制度の成功例

(1)　交通事故分野

　戦後，車社会の到来と共に，交通戦争といわれるほどに，交通事故が増加した。法規制は，軽微な交通違反から悲惨な交通事故にまで広く及んでいる。被害者救済の観点では，民事訴訟，損害賠償保険制度，弁護士会の基準作り（赤本），弁護士増員により，ほぼ十分に機能してきたといえる。軽微な違反の制裁又は予防のための取締として，行政反則金，刑事の罰金が利用されてきた。

一般の事故の刑事制裁は，ほぼ厳格に且つ公平にされ，重大な危険行為に対しては，刑事立法の新設も続いている。運転免許制度の運用による予防措置は，諸外国に比べ，やや厳しすぎる弊害があるものの，事故の増大を防止している。また，各地域のボランティア活動も全国的に継続されてきた。車社会を前提とした場合，悲惨な事故が根絶はできないことを認めつつ，事故の抑止と事後救済については，あくまで他の分野における実績と比較してのことではあるが，稀に見る成功例といえる。つまり，他の分野における失敗類型が極めて多く，ほとんどの法制度は機能していないことを示している。

(2)　労働法分野（民事主導型の成功例）

　日本における労働分野の法制度とその運用は，欧米に比べて，刑事罰に大きく依存し，後進的状況が続いてきた。すなわち，戦後，国鉄労働組合，日本教職員組合，全逓信労働組合などが組織され，活発な活動をしてきたが，法制度上は，公務員は，労働争議を禁止され，その違反について，刑事罰をもって処罰されてきた。民営化される前の膨大な労働者に対する刑事主導型の法規制であった。

　しかしながら，戦後，刑事弾圧に抗して，官民の労働運動は強固に拡大し続け，春闘や秋闘でのストライキも多発した。また，解雇無効などの法廷闘争では，裁判所前での街宣活動やデモ行進，傍聴席の占拠などの活動がなされた。官民の労働者や労働組合の活動により，労働基本権，労働者保護法制の制定はもとより，民事裁判における労働者の優位性が確立するに至ったといえる。そ

の結果，労働法分野においては，21 世紀にはいり，ようやく先進国並みに改善されることとなった。さらに，近時の労働審判制の成立により，迅速な金銭解決の道を開いた。雇用主側は，解雇しても，弁護士の指導で解雇撤回をせざるを得ない。従業員は勤務に戻らないまま，撤回をも無効と主張し，金銭支払いを命ずる判決までも得るに至っている。人手不足の状況の中で，労働者保護はコロナウイルス・パンデミックの危機を別とすれば，まれに見る民事主導型の成功事例と言える。

10　消費者法分野（不十分な保護政策）

　戦後の高度成長期以来，消費者被害が継続的に多発している。豊田商事事件はもとよりサラ金被害など，詐欺的商法が横行し，消費者の被害はほとんど野放しとされた。ごく稀に刑事事件とされたが，被害救済は実質的にはほとんどされなかった。確かに，豊田商事事件の刑事制裁，破産管財人が納付済税金の返還金を賠償に充てるなどしたが，問題の根本的解決にはほど遠いものであった。

　消費者被害の問題については，景表法などの公正取引委員会の取締り，国民生活センターの監督，消費者庁の指導など，主として行政主導型で運用されてきた。民事手続では，製造物責任法の制定，取締法規違反有効説から無効説への転換，消費者契約法の制定，債権法の改正による約款規制の民法規定化の成立を見るに至った。しかし，いずれの分野においても，訴訟にかかる費用と時間，弁護士にかかる費用，そして本質的に後追いしかできない

法的救済のために，充分な規制や制裁が出来ない状況が続いている。

　消費者法分野については，これまでに蓄積された法令や判例が膨大であり，今後の課題とし，本書では除外している。

11　社会経済分野

　本書では，とりわけ，刑事法での法定犯の分野を扱う。すなわち，経済活動や医療・福祉の分野では，その秩序維持のために刑事罰を条文化し，法廷犯とされているものが多数存在する。しかし，自然犯とは異なり，その法的制裁の発動はほとんどされていないといえる。顕著に悪質な少数のものについては，刑事事件化されているものの，刑事制裁により，法の目的が達成しているとは全く言えない状況である。

　すなわち，複雑な案件が多いため，法の目的を阻害する最も重要犯人を刑事の対象とできていない。自然犯の捜査のように一律でなく，慣れていないためか，無実の者を起訴することもある。つまり，刑事法の運用は上手くいっていない（全体99％を超える有罪率と，法定犯の場合のより低い有罪率）。刑事規制がうまく行っていない場合，それを改善することは必要だが，限界がある。それゆえ，法定犯の規律は，民事主導型を中心とし，補助的に行政主導型とするべきである。本書では，これをテーマとして，検討し，今後の法学教育の教材とできるか否かを判断していただくよう提示するものである。さらに，本書を教科書として法学部・法科大学院で生ける法の教育や法政策学の教育として法社会学の講

義がされるならば望外の喜びといえる。

第2　四大類型の連携

1　各法制度の相互機能（法社会学の教育対象）

　法社会学は，法科大学院の授業および司法試験の必須科目とするほどに重要な学問である。そのためには，従来の法学の教科書におけるような，それぞれの法制度の個別の説明に留まることなく，諸法分野の法規制や法政策の関連性や相互作用を含む，法的機能の全体構造を把握させるべきである。法曹，準法曹，公務員，会社員（企業法務員）にとって，法システムを動かす自分たちの積極的な役割を自覚することが重要である。

2　西欧モデル

　中世以前の社会統制は，刑事制裁による抑圧的法モデルによっていたとされる。その後，資本主義と市場経済の発展と共に，自律的法モデルが発展し，その中心は民事訴訟制度であったとされる（社会統制における刑事から民事への重心の移動）。

　しかしながら20世紀以降，市場の失敗の状況を改善するために応答的法モデルが必要とされ，さらには福祉国家の理念を進める立法や行政の発展がなされた。米国では，制度と運用の双方の改善で，民事訴訟の爆発的な発展が見られ，ドイツでは，行政法の発展と共に，刑事処罰に依存しない司法的な制度も機能した。

それゆえ，欧米では刑事制裁の役割は限定的かつ補佐的なものとされた（ノネ＆セルズニック）。細かくみても，米国の収監者は200万人とも言われ（1億人あたり70万人），日本は5万人を割り込んでいる（1億人あたり4万人）ものの，米国では民事訴訟数は日本の約20倍以上であり，やはり刑事制裁は補佐的と言える。

3　日本型近代化

　明治以来，日本は近代化に成功したといわれるが，行政と一体化した刑事司法中心による抑圧的法モデルが継続したにすぎない。現在においても，この体制は維持されている。殺人などの暴力的な自然犯における手続や処遇も近代化する必要があるものの，人質司法といわれる手続を法廷犯に転用することは改善しなければならない。法学部・法科大学院での主たる教育対象としては，自然犯よりもむしろ，日本における経済取引や企業経営，科学技術や医療，知能犯罪に関する法規制を中心に検討するべきである。そして，これらの分野が，法曹や公務員，各種資格者に重要な教育対象となっていることを新たに認識しなければならない。

4　法制度の主たる目的

　主として，①「被害の事後的な救済」，②「被害発生や紛争の事前の予防」が目的となる。副次的に③「制裁」が目的になるにすぎない（特別予防と復讐という感情を充足することのみ）。但し，②の予防に，一般予防と特別予防を入れて，法整備をすれば，制

裁とは復讐のみとなる。

5　先　行　研　究

　本書の先行研究としては，以下の３つのグループ，６人の研究
者を挙げる（本稿末尾の文献）。
　(1)　刑事から民事への歴史的発展について
　　　・ノネ＆セルズニック：刑事抑圧型・自律型・応答型
　(2)　司法と行政との連携について
　　　・R・ケーガン：司法的リーガリズム（当事者対抗リーガリズ
　　　　ム）と官僚制的リーガリズム
　　　・阿部泰隆：政策法学など
　(3)　法機能の分析
　　　・B・タマナハ：形式的合法性と実質的合法性
　　　・東大グループ：ソフトロー研究
　　　・J・ブレイスウェイト：法機能の段階構造
　　　・松尾弘：相関的動態的法観念，バランスに配慮した漸進的
　　　　アプローチ

6　法制度の４段階ピラミッドモデル（別表１）

　このピラミッドモデルとは，法の運用においては，強制力の強
さから順に，刑事司法，民事司法，行政（予防），団体（民間の自
主規律）のピラミッド型をもって法の機能と役割を明確にする。
上から下へ「強制，法的制裁，法的拘束力」が質的に弱まってい

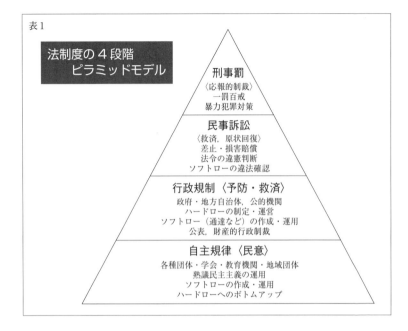

表1

法制度の4段階 ピラミッドモデル

刑事罰
〈応報的制裁〉
一罰百戒
暴力犯罪対策

民事訴訟
〈救済，原状回復〉
差止・損害賠償
法令の違憲判断
ソフトローの違法確認

行政規制 〈予防・救済〉
政府・地方自治体，公的機関
ハードローの制定・運営
ソフトロー（通達など）の作成・運用
公表，財産的行政制裁

自主規律 〈民意〉
各種団体・学会・教育機関・地域団体
熟議民主主義の運用
ソフトローの作成・運用
ハードローへのボトムアップ

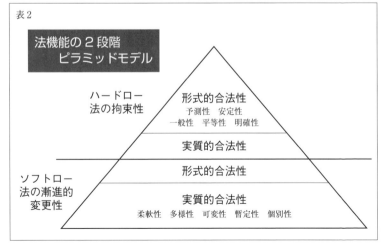

表2

法機能の2段階 ピラミッドモデル

ハードロー
法の拘束性

形式的合法性
予測性　安定性
一般性　平等性　明確性

実質的合法性

ソフトロー
法の漸進的
変更性

形式的合法性

実質的合法性
柔軟性　多様性　可変性　暫定性　個別性

くこと，各段階のシステムの担う「人的資源，法の領域，社会的機能」が量的に広がっていくことを示している。つまり量的には，下に向かって法律家の役割が広がっていくことを示している。「生ける法」とは，現在では，団体（民間の自主規制）のソフトローを主とし，行政の公的ソフトローも包含するものとし，その機能を検討する必要がある。

7　法機能の2段階ピラミッドモデル（別表2）

　法の機能には，形式的合法性と実質的合法性の二面性がある。形式的合法性とは「法の拘束性」を指し，予測性，安定性，一般性，平等性，明確性を特性とする。実質的合法性とは「法の漸進的変更性」を指し，柔軟性，多様性，可変性，暫定性，個別性を特性とする。このピラミッドモデルは，上から下へ拘束力が弱まるが，他方で量が拡大することを示す。ハードローは形式的合法性を主とし，実質的合法性を従とし，「強い拘束力，安定性，量的限定性」を有することを示す。ソフトローは，実質的合法性を主とし，形式的合法性を従とし，「弱い拘束力，柔軟性，量的無限定性」を有することを示している。ソフトローの形成の担い手は，一般的には，行政や団体といわれているが，しかし，判決もハードローを解釈し適用する際に，社会に適合するように柔軟に結論を出すべきものであり，ソフトローの役割を果たす。つまり，裁判は法を作るというのは，ソフトローを生み続けているといえるのである。

8　規制と効果の相関ピラミッドモデル（別表 3）

　法規制の強い効果は，厳格な手続に基づき発動される。その事実認定については高い証明度を要する。以下ピラミッドモデルで上の強い効果から下の弱い効果までを順に示す。手続は下に向かって緩やかとなり，証明度も低くなる。法制度の 4 類型の各効果を示すものである。以下の 3 分類は，強・中・弱を示す。法を効果的かつ効率的に運用するには，弱い方から多用すべきこととなる。

(1)　死刑，自由刑，免許取消処分，全面業務停止処分

(2)　罰金，差止請求判決，確認請求判決，損害賠償金判決，課

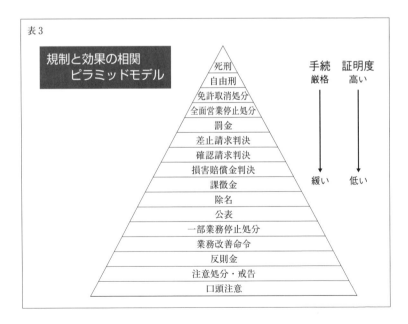

表 3

規制と効果の相関ピラミッドモデル

死刑
自由刑
免許取消処分
全面営業停止処分
罰金
差止請求判決
確認請求判決
損害賠償金判決
課徴金
除名
公表
一部業務停止処分
業務改善命令
反則金
注意処分・戒告
口頭注意

手続　厳格　→　緩い

証明度　高い　→　低い

徴金，除名

⑶　公表，一部業務停止処分，業務改善命令，反則金，戒告，
　　警告，注意処分，口頭注意

9　刑事手続の硬直性

　日本においては，欧米の如く，刑事制裁の役割を明確に限定す
べきことは明らかである。自然犯における冤罪を生む手続（人質
司法）を，経済犯にも同じく適用し，さらに多くの冤罪を生み出
している。経済取引に関する犯罪など法定犯については，自然犯
の刑事訴訟法とは別に刑事手続を定めるべきである。帳簿や取引
書類が十分存在するのが一般的であり，これらを強制的に確保で
きれば，逮捕拘留を原則として適用しない。すなわち，書類の押
収と多額の保釈金により，3日程度の拘束に留める。刑について
も，多額な罰金や財産刑にする。北欧に見られる日数罰金［day
fine］のような収入額に応じた罰金額の制度もありうる。未払い
の者のみ自由刑とする。

10　民事司法の欠陥

　民事司法の先進モデルは米国型である。日本では，米国型モデ
ルの陪審，証拠開示（ディスカヴァリ），クラス・アクション（不
特定集団訴訟），懲罰的賠償などを導入できなかった。米国と日
本でも，米国モデルの評価は多様だが，概ね，証拠開示制度の目
的は先進モデルとして，評価は高い。しかし，日本では，証拠開

示自体があまり知られていない状況であったため，制度化するに
は困難といえた。まず筆者は，「民事訴訟促進と証拠収集」判例
タイムズ 665 号（1988 年）の論文を発表し，ここで，証拠開示制
度を解説すると共に，その導入のための第一歩として，日本で初
めて陳述書の活用を提案した。これに対して，弁護士会は消極的
であったが，最高裁はこれを採用し，その後，全国の裁判所に普
及するに至った。

　その後，筆者の提案を入れた文書提出命令の拡大の民事訴訟手
続の改正がされた。しかし，その後においては文書提出命令が運
用において制限されている。民訴の改正での文書提出命令の一般
化は，生ける法としては機能していない。ドイツでは，米国の証
拠開示制度の趣旨を生かして，裁判官の釈明権による証拠提出の
強制により，事案解明義務に基づく民事裁判が実現した。日本で
は，米国の証拠開示制度をそのまま導入できないとの意見も多い。
そこで，ドイツ型を採用する道があり，多くの民訴学者も賛同し
ているが，実務法曹の無理解もあり，ほとんど進展していない。
近代的裁判を発展させるための法曹教育の最大の課題である。筆
者は，2000 年，ドイツ型民事訴訟を提唱するため「ロースクー
ル教育論〜新しい弁護技術と訴訟運営〜」（信山社）を公表し，
法科大学院設立へ向けた司法改革を主導した。その他，民事手続
機能を拡大強化するために給付訴訟以外の確認訴訟や差し止め訴
訟などを拡大することが必要である。

11 行政規制の不備

行政規制は行政主導のハード・ロー制定，通達などのソフトローの運用により進んできた。20世紀においては，行政指導による業界団体を通じての秩序維持を可能にした。しかし，規制改革に転換した21世紀においては，行政による経済的規制を緩和し，他方で，社会的規制や安全規制を高めるべき状況となった。そのための行政強制については，以下の通り実効性を強化すべきである。主として，阿部泰隆，ロバート・ケイガンの本稿末尾の文献を参考とする。

(1) ドイツ型：行政上の義務の履行確保の方法としては，義務を命じた行政庁が自ら強制手段を取ることができるという行政強制（自力執行）のシステムを採用していること，官僚制的リーガリズムと呼びうる。

(2) 英米型：ドイツのような行政特権を認めず，伝統的には私人の場合と同様にまずは行政が出訴して，裁判所の判決や決定を得て初めて行うという司法的執行（裁判所による執行）のシステムがあること，当事者対抗的リーガリズムと呼びうる。

(3) 日本型：戦前の旧行政執行法のドイツ型制度を戦後に中途半端に放棄し，他方，英米型の制度を一般的に導入したわけではないために，行政の強制手段は非常に不十分である。代替的作為義務について行政代執行の法制度を置くものの，それ以

　外の行政上の義務（被代替的作為義務，不作為義務）の履行を確保する手法は一般にはなく，多くは違反行為がなされた後の違反者に対する刑事裁判（いわゆる行政刑罰）の反射効に頼っている。今後は，ドイツ型，英米型の長所を採用していくべきである。日本のいわゆる「役立たずリーガリズム」「タマなしリーガリズム」の改善を検討すべきである。

12　団体の役割とガバナンスの不備

　法機能は，ハード・ローだけでなく，ソフト・ローの機能をとらえて，その動態をみる必要がある。かつての文章化されていない漠然とした「生ける法」は，今やソフトローである。ソフト・ローは，行政の通達などだけでなく，団体のガイドラインを含む。民主国家では，民意を反映するために，多様な団体が活動している。団体は，行政の政策を実現するための実施主体となることも多く，行政と連携をしている面が強い。公的団体も多く，そのガバナンスを維持するためには，行政の監督も広く行われている。しかし，最近では，あらゆる組織内のガバナンスをめぐり，民事訴訟も増加してきた。つまり，団体の除名問題などソフトローを巡る紛争も増え，判決も広くソフトローとして機能している。

13　事実認定手続の強制力と相互利用

　日本では，民事訴訟の証拠開示の弱い機能を補う方法がとられている。典型的なのは，刑事手続きの終了後にその証拠を民事手続きで利用する。刑事手続においては，証明度が高いために，刑事手続による強制的捜査に基づく証拠収集をし，立証をする。その証拠は民事訴訟にほとんど使用できる。日本の新たな付帯私訴の制度はより効率的である。次に第三者委員会や行政処分の事実認定については，民事手続においてはほぼ自動的に採用されることとなる。民事訴訟においては，過失の客観化の法理が確立しており，客観的な取締法規違反により，善管注意義務違反や不法行為などが認定できる。つまり，民事手続と行政処分の認定は同じレベルであり，双方が情報を交換しつつ積極的に運用すべきとの結論となる。以上のとおり，刑事手続，行政処分，第三者委員会報告が先行すれば，民事手続に証拠として使えるが，これがないときには，民事手続きには大きな労力を要する。

14　日本型の類型化

　法制度の運用を活性化，または円滑化するためには，国民の権利意識，または世論の役割は極めて大きい。それ故，一応狭義の法手続の外と想定するもの，すなわち市民運動，マスコミ，週刊誌などの役割は重視すべきである。公益通報，調査委員会の手続きは，団体の役割の中に含めて検討する。これを視野に入れつつも，以下の大きな4つの類型化が必要である。

　以下，刑事を例にとれば被害や紛争について，1事案から同種の分野まで，主として，刑事手続きで解決できる例を刑事主導型（刑事解決型といい）という。法整備のされていない分野や被害救済をされない例を刑事機能不全型という。積極的に判決や処分で誤った結果をもたらす刑事失敗型がある。その他の類型も同じ趣旨で使用する。

(1)　刑事主導型

　上記のとおり，日本では民事主導型，行政主導型がいずれも成立しない中で，一貫して，刑事主導型で進んできた。但し，自然犯での成功が中心であり，その影に深刻な冤罪が発生した。法定犯の分野では，失敗型が蔓延していた。他方で，消費者被害など告訴告発を受理しない傾向もあり，刑事機能不全型も広がっている。本来は，①被害の大きさ②違法性の強さにより，手続の適正化を保ちつつ，制裁（警告，財産刑，自由刑）を多様に使用すべきである。しかし，多くはマスコミの攻勢などにより恣意的に刑事手続が発動された。恣意的に選択された極めて一部の者のみが拘束され，被害は救済されず，情報の充分な分析のないまま，的確な予防政策にも結びつかない傾向となった。

(2)　民事主導型

　被害者の発生と共に，民事裁判により迅速に実効的な救済をし，制裁と予防をする。これに続いて立法行政は判決に準じた一律救済をし，且つ将来の予防的政策措置をする。しかし，日本では，多くの分野で，訴訟遅延，被害救済の実効性の欠如，弁護士費用

の負担難などがあり，それ故の提訴困難性がある。民事機能不全型が多い。弁護士増員だけで解決できることではない。社会的に批判をうける民事失敗型も多い。

(3)　行政主導型

被害発生の予防をする必要があるとき，行政主導のハード・ロー制定，行政やソフトローの運用を強化する方法である。これらの法規範に違反するときには，被害の民事救済を迅速に実効化できるようにする。米国のような判例法主義は民事主導型だが，ドイツの制定法主義としては，行政主導型の傾向が強い。日本では，形の上では行政主導型であり，明治以来，行政組織法を中心に法制度の形を整えたが，被害の救済や予防政策で実効性を欠いてきた。実質上は行政と民事の機能不全型が続いた。通達や窓口の規制行政時代には被害救済の抑圧があり，規制改革後には社会的規制や安全規制の強化に成功していない。但し，最近では，オリンパス事件など従前に比して僅かであるが行政処分の実効化がされ，その先行により，民事手続，刑事手続が進む類型もできつつある。

(4)　団体主導型

政財官のトライアングルの護送船国の時代には，事前の行政規制が強固であった。多くの業界団体は，行政規制の下請，実施主体となり，団体過剰型であった。これに対して，行政の規制改革後は，団体の目的は，消費者保護を含む民主社会の民意を反映するためのものとなり，多様な団体が成立した。役割を果たしてい

れば団体主導型といえる。しかし団体が存在しない分野，形だけ
の団体で実質的役割を果たさない多くのものなど，これらは団体
機能不全型である。これに対して，団体の内部の議論を抑圧した
り，目的遂行に逆行したり，そのガバナンスに反する場合には団
体失敗型である。

(5)　四大類型の連携

　上記四大類型は，以下のとおり分類できる。下記①〜④は各主
導型の連携モデルで機能している分野の例をあげる。⑤はすべて
の機能不全型を含む。

① 4類型機能型［理想型］　　　交通事故分野
② 3類型機能型　　　　　　　（団体・行政・民事）労働法分野
③ 2類型機能型　　　　　　　（行政・刑事）独禁法分野
④ 1類型機能型［最小型］　　（団体）医療ガイドライン
⑤ 法機能不全型［救済困難型］［正義抑圧型］　入管法分野（刑
　事・行政過剰型）

　一般的には，日本では，マスコミに取り上げられない事案，ま
たは行政処分や刑事手続で扱われない事案などでは，民事主導型
で早期に充分に救済される例は少ない。つまり，民事裁判で時間
と労力をかけ不十分ながら一定程度救済される場合と，不当にも
救済されず正義が実現しない多くの場合がある。

15　事例分析に基づく検証

　本書では，日本の法社会において，被害救済と紛争解決の様々

な事例を分析し，上記類型を具体的に説明し，各制度の跛行性，法システムの統一性の欠如を明らかにする。その上で予防の制度の合理性について検証しなければならない。行政規制を俯瞰しつつ，私人による法の実現としての民事法制や民事訴訟による規制と，刑事法制度による刑事制裁による規制との関係性を軸として，以下の事件を分析し，その機能，不機能の原因と解決処方箋とを提案する。

(1) 第2章　会計粉飾事件

長銀，カネボウ，ライブドアは刑事失敗型といえる。オリンパスと東芝事件は，第三者委員会報告書や行政処分に基づき，刑事手続（東芝除く）や民事手続が開始されるようになった。行政主導型に改善できたといえる。しかし，ゴーン事件は完全な刑事失敗型である。

(2) 第3章　医療過誤

医療過誤については，20世紀は救済困難型，21世紀初頭に刑事失敗型の状況であった。その後2005年に包括的医療事故調査制度が始まり，2015年に個別的医療事故調査制度が開始した。行政主導型または団体主導型への転換である。ハンセン病の被害は，行政失敗型で発生し，民事機能不全型の内の稀な正義の実現として救済された。

(3) 第4章　薬害など

本来あるべき行政主導型の運用に失敗し，民事機能不全型に

陥った。安部事件，ディオパン事件は行政や団体の主導の欠如もあり，刑事失敗型に戻ってしまった。

⑷　第5章　非弁活動の規制

最近の弁護士の増員により，隣接士業やコンサルタントの弁護士業務（非弁業務）について，民事主導型でまたは士業団体主導型で取締るべきである。しかし，長く刑事主導型が続いており，最近の違法駐車取締業者を弁護士法違反の有罪とした判決は，不当な刑事失敗型である。

⑸　第6章　団体法の運用

① 団体のガバナンスを巡り，役員の解任，構成員の除名の紛争が増加してきた。財団と社団，会社では，類型が異なるか否かが課題となっている。行政規制と民事規律の連携が重要となっている。

② 社団においては，構成員の除名無効が争点とされてきたが，部分社会の法理により，民事司法が自らの役割を狭めてしまった。根津医師と大谷医師の違法な団体除名は違法な団体失敗型であったが，民事失敗型に陥った。

③ 宗教法人法の違反について，行政主導型または民事主導型で被害の救済をされるべきところ，救済困難型に陥るケースが多い。

（参考文献）

・遠藤直哉『法動態学講座 I　新しい法科大学院改革案──基礎法学

と実定法学の連携──』信山社（2018 年）

・ノネ＆セルズニック『法と社会の変動理論』（六本佳平訳）岩波書店（1981 年）

・ロバート・A・ケイガン『アメリカ社会の法動態──多元社会アメリカと当事者対抗的リーガリズム』（北村喜宣他訳）慈学社（2007年）

・阿部泰隆『行政の法システム（上）（下）』有斐閣（1998 年）

・ブライアン・Z・タマナハ『"法の支配"をめぐって──歴史・政治・理論』（四本健二監訳）現代人文社（2011 年）

・中山信弘編集代表『ソフトロー研究叢書　第 1 巻～第 5 巻』有斐閣（2008 年）

・John Braithwaite, *Restorative Justice and Responsive Regulation*, Ox-ford University Press.（2002 年）

・松尾弘『開発法学の基礎理論』勁草書房（2012 年）

第2章

会計粉飾における行政規制と刑事・民事の責任

第1　民事訴訟の機能の強化に向けて

⑴　刑事処分または行政処分の先行

　会計粉飾をめぐる民事訴訟の件数は，他の分野に比較し，少ない。そのうち，過去の社会的事件として著名な，長銀・日債銀事件，キャッツ事件及びライブドア事件では，刑事事件が先行していた（刑事過剰型）。

　また，オリンパス事件及び東芝事件では，行政処分が先行していた（行政主導型）。

　このように，民事訴訟となった事案では，刑事事件や行政処分が先行しているものが多く，先行する刑事事件や行政処分において，収集された証拠資料や明らかとなった事実を用いて，民事訴訟の主張構造の組み立てや証拠収集が行われている。そのため，民事賠償がなされるべき事案でもあっても，刑事事件や行政処分が先行していないものについては，多くの場合，直接請求や株主代表訴訟が提起されることがなく，公にならないまま，救済が困難になってしまった会計粉飾事例が存在する。

　刑事処分も行政処分も罰金や課徴金という形で，粉飾の責任を取らせることができる。しかし，被害者の救済という観点からみると，罰金や課徴金によって株主や投資家らの損害が補填されるわけではない。

　また，刑事処分や行政処分においては，制裁部分が大きく注目されるだけにとどまり，制裁に至るまでに収集された証拠資料や明らかとなった事実が公に広く開示されるわけではない。そこで，再発防止や一般予防の観点からも，刑事処分や行政処分で収集された情報をさらに活用する方法が求められる。

(2)　民事訴訟の課題

　そのため，被害者への損害回復機能を備えた民事訴訟の活用がもっと重要視されるべきと考える。具体的には，証拠開示制度の導入と文書提出命令の円滑化及び簡易化である。なぜなら，民事訴訟となると，会社側及び監査法人側に訴訟に必要な資料や情報が偏っているため，株主側が不利な訴訟とならざるをえないからである。

　また，株主代表訴訟では，請求金額に関係なく，訴訟に必要な印紙代が一律になっており（1万3000円），一定程度，訴訟への門戸が開かれている。しかし，株主の直接請求に関しては，印紙額については救済措置がなされていない。そのため，会社側及び監査法人側に訴訟に必要な資料や情報が偏っていることから，圧倒的に株主側が不利な訴訟になることと多額の印紙代が無駄になるおそれがあることが民事訴訟提起を消極的にしている要因と言わざるを得ない。

　そのため，民事訴訟で損害の回復を図ろうとしても，訴訟に必要な資料の収集や情報取得を刑事事件や行政処分に頼らざるを得なくなり，刑事訴訟や行政処分が先行していないような場合に民事訴訟による損害回復という選択肢を奪う結果となる。

　刑事事件として立件されず，行政処分も業務改善命令等の緩やかな処分に留まるような場合，訴訟に必要な資料及び情報の取得に窮し，会計粉飾に関し，取締役や監査法人の責任を追及する民事訴訟が提起されないことになりかねない。

　その結果，損害の回復がなされないだけでなく，刑事及び行政の処分内容も軽いため，社会的に注目される問題として取り上げられず，会計粉飾の原因及び責任の所在が明確とならないために，再発防止にもつながらない。

　そこで，民事訴訟による損害賠償請求をさらに活用できるような仕組みを構築し，株主及び投資家らの損害を回復させるとともに，再発防止のための抑止力とすべきである。

　そして，かかる民事訴訟の機能を生かすためにも，刑事事件及び行政処分が先行していない，民事主導型の救済困難型の事例に関しては，証拠開示制度の導入並びに文書提出命令の円滑化及び簡易化を推進すべきである。

第2　会計粉飾の最新典型例（行政主導型）

　最近の会計粉飾に関する責任追及は，第三者委員会報告書を足掛かりに，刑事事件，行政処分及び民事訴訟によって行われている。

民事による損害賠償請求訴訟の機能の再評価と当該機能を生かす訴訟制度改革がなされるべきである。

1　オリンパス事件

(1)　第三者委員会の報告書及び業務改善命令

第三者委員会は，オリンパスの平成 18 年度から平成 23 年度までの決算について，「有価証券の過大計上」と「のれんの過大計上」に基づくものとし，これを適正に評価すればその間の配当可能利益はないので，配当できなかったにも関わらず，違法配当をしたものとした。第三者委員会は，以下の 3 つの報告を行った。

① 　第一報告書：決算報告が有価証券の過大計上とのれんの過大計上による違法配当があったこと

② 　第二報告書：取締役の責任があると認めたこと

③ 　第三報告書：監査役員の責任があると認めたこと，監査法人の責任がないとしたこと

そして，かかる第三者委員会の報告書に基づき，オリンパスの会計監査人であった監査法人 2 社に対し，金融庁より業務改善命令が出された。

業務改善命令には，社会的には不祥事の公表のように受け止められるが，法的には予防のためであり，制裁としての効果及び被処分者に対する影響度が小さいため，理論上は第 1 章別表 3 のとおり，段階的な証明度の内で，業務改善命令の証明度は低くてもよい。しかし，日本の実務では，司法と行政の処分では必ずしも段階的ではなく，相当に高いものとなっている。

そして，第三者委員会の報告書の内容は，内部告発やマスコミ報道をうけて認めざるをえなかったもので，証明は十分にされたものであり，ほぼそのまま業務改善命令の基礎とされている。

(2)　課　徴　金

オリンパスに対し，同じ理由で1億9200万円の課徴金が課された。課徴金は，再発防止の役割を有する他，会社の法令違反により会社が利益をあげた場合には，その返還を国にさせる役割及び財産刑という制裁の役割を有する。しかし，上記と同様に，証明は十分にされたものであり，第三者委員会報告書をほぼ継承している。

(3)　監査法人の責任

第三者委員会の構成員は，下請け部分も含めて多くの監査法人のメンバーが入っている。調査対象の監査法人のあずさ監査法人と新日本監査法人について，他の大手の監査法人のメンバーが，責任ありとする状況にはない（明日は我が身ということである）。そのため，第三者委員会報告書の消極的結論は，一般的に不十分な手続による場合が多い。したがって，上記第三者委員会報告書のうち，監査法人の責任はないとすることは適正でないと考えられる。また，会計の専門的な事項については，会計監査人が中心となって，監査を実施し，監査役に報告することが法律上も想定されているのであるから（会社法397条1項及び同2項参照），監査役には責任あるのに，監査法人には責任がないということは常識的には通らない。現に報告書においては，合理的な説明が何ら

されていない。

2　東芝事件

⑴　利益粉飾

　東芝の第三者委員会は，平成 24 年度から平成 27 年度までの決算について，「仕入れの過小計上」，「売上の過大計上」などの利益の粉飾を認め，会社は，これをうけて，過年度修正申告を行った。

　すなわち，会社は利益粉飾について認めたものである。さらに東芝は，この利益粉飾については，課徴金の行政処分を認め支払っているので，第三者委員会の報告書や行政処分の結論がほぼ民事訴訟において認められる順序となる。但し，この利益粉飾については，証券取引等監視委員会が刑事告訴を試みたが，東京地検特捜部での刑事立件は果たされなかった。

⑵　のれん粉飾

　東芝がその子会社ウェスティングハウス（WEC）の破綻（米国倒産法の申請）により約 1 兆 2 千億円の損害を受けたことについては，WEC ののれん減損が問題になっていたにも関わらず，第三者委員会の調査の対象となっていないために報告はされていない。会計専門家である細野祐二氏によれば，犯罪会計学の見地からすれば，子会社のれん減損を取り消していた点（連結会計に正確に反映させなかったこと）こそ，悪意ある粉飾であり，刑事事件の対象となるとの評価をしている（細野祐二『粉飾決算 VS 会計

基準』日経 BP 社・2017 年（288 頁及び 289 頁））。

⑶　監査法人に対する業務改善命令

　オリンパス事件同様，東芝の会計監査人であった，新日本監査法人に対し，業務改善命令がだされた。

⑷　課 徴 金

　東芝に対し，課徴金が 73 億 7350 円，そして，監査法人に対して 21 億 1100 万円の課徴金が課せられた。監査法人に対して課徴金が課せられたのは，東芝事件が初めてのことである。

⑸　監査法人と会計士に対する業務停止

　東芝の監査を担当していた新日本有限責任監査法人及び所属の会計士に対して業務停止の処分がされた。

　業務停止は，上記業務改善命令及び課徴金と異なり，会社や会計士に対し，破産などの危険が伴う措置となるため，強力な予防措置である。それ故，その証明度はより高く求められると共に，本人の弁明を聴取した結果に基づくなどの慎重な手続により実施されるべきこととなる。

　カネボウ粉飾事件に関して，中央青山監査法人に対し，全面的な業務停止処分がなされ，同法人は解散に追い込まれた。そこで，その後，実務的には，業務停止は，被処分者の業務のうちの一部（新規契約分のみ）に留められることとなった。制裁が弱くなった面もあり，ほとんど業務改善命令や課徴金と同様な手続がなされている状況といえる。

3　第三者委員会報告書と監査法人監査（団体主導型）

⑴　歴史的経過

　マスメディアが大きく発達したことにより，報道が過熱化し，迅速な行政処分や民事制裁がなされない状況で，社会的に責任をとらせるため，刑事事件化が過剰となった。

　そこで，マスメディアへの対応や刑事事件化の回避のため，会社内での処分内容の公表，謝罪会見の実施及び再発防止策の公表などが行われるようになった。このような不祥事対応の一環として，外部者を交えた第三者委員会が設けられるようになり，2010年には，日弁連が主導となって，「企業等不祥事における第三者委員会ガイドラインが作成されるに至り，個別具体的な評価も続けられている。

　こうして，企業の不祥事等が発生した場合には，第三者委員会による調査が行われることが一般的となった。このように当該企業，日弁連及び第三者委員会の連携による調査や改善措置は，法の動態のうち，団体主導型として，捉える必要がある。

⑵　第三者委員会の在り方

　第三者委員会については，その手続と報告結果が公正かつ適正であるかが主な課題とされてきた。そして，かつての第三者委員会は，会社自体が不祥事を起こしたにも関わらず，会社幹部が第三者委員会の委員として名を連ねたり，会社幹部自らが委員を選任することもあったため，その公正さと適正さが疑問視されることがあった。

しかし，その後，多くの事例において中立的な委員を選任するなどして第三者委員会の評価も高まってきた。

(3)　第三者委員会の報告が公正・適正でないと評価される場合

第三者委員会による調査手続又は報告が公正・適正でないと評価される場合には，当然のことながら，当該報告から得られる成果をその後の手続に活かすことはできない。

しかし，第三者委員会の報告が，公正・適正と評価できるときには，一般的に，まず行政手続に活かされ，課徴金納付命令等の行政処分に至る。次に刑事手続に利用され，捜査の足掛かりや証拠として利用される。さらに，民事手続に第三者委員会報告書，行政処分及び刑事手続のすべてが利用される。

それ故，第三者委員会の報告が公正・適正でない場合には，利用されるべきものではないが，公正・適正なものであるかのように利用されてしまうおそれもあり，注意を要する。

(4)　第三者委員会の報告が適正である場合

第三者委員会の構成が，外部の中立的委員のみで成立している場合で，調査対象とされた会計粉飾について，調査対象者に責任ありとする報告については，会社等に忖度せず，第三者委員会が，社会的な不祥事として取り上げたことを示すものであるから，その報告結果は公正で適正な事実が明らかにされるものと推定され，その後の手続に使われる意義があるといえる。

また，第三者委員会の報告は，一私人の調査や一記者の取材等の結論と異なり，準公的な調査報告の性格を持つものである。す

なわち，調査対象の資料のほとんどが開示されるからである。それ故，原則としては，責任ありとする結果については，尊重されるべきである。

しかし，一部責任なしとする部分や一部不明とする部分などについては，さらに調査が必要とする場合が多く，必ずしも最終結論といえるものではない。

(5)　他の手続への流用

第三者委員会報告書については，行政手続と民事手続にそのまま流用することも許される。

しかし，刑事手続については，原則故意犯でなければ処罰できず，身体拘束を伴う刑罰となり得るがゆえ，証明度が高くなければならないので，第三者委員会報告書を参考にすることは許されても，それ以上に捜査を深めなければならない。

(6)　追 加 措 置

第三者委員会の報告が不充分である場合，責任をなしとする場合及び調査未了の場合等においては，第三者委員会が適正に機能していないと判断されるため，まず証拠が散逸する前に，迅速に行政手続により処分をすることが必要となる。

(7)　公認会計士についての法規制

歴史的には，上場企業について，会社法と金融商品取引法により，会社だけでなく，取締役や監査役の役割と責任が明記され，刑事，民事及び行政の規制の対象として法整備されてきた。

　しかし，被害状況の把握や違法行為の認定のために，長期かつ煩雑な調査や制裁の手続を利用することは，人的資源や効率性の観点から適切とはいえない。そこで，法制度として組み込まれ，改正により見直されてきたものが公認会計士の役割の強化と責任の高度化である。会計税務という特殊かつ専門的な分野では，まず，公認会計士の会計監査人が，日常的に調査・監査することにより，会計の適正を確保し，違法行為を防止し，被害発生の予防する義務を課せられた。

　この立法による制度や金融庁の監督下にある行政制度が機能し，さらに，公認会計士協会などの団体主導が機能すれば，刑事事件や民事事件の多くは発生しなかったといえる。第三者委員会の形成すらも必要なかったはずである。少なくとも監査人が適正に調整し，行政への報告も含め，権限を行使し，義務を履行することは，第三者委員会の調査よりもはるかに効率的である。

　監査法人や公認会計士協会の自浄作用が働けば，団体主導型として評価できることとなる。

第3　刑事主導型の弊害

1　自　由　刑

　刑事手続においては，逮捕から，勾留を経て，実刑の拘束まで一貫して，身体を拘束するという極めて過酷な手続である。元々自然犯において発展した手続である。この手続を，経済犯，行政手続犯等の法定犯に適用すべきではないにも関わらず，ほとんど

何らの区別もつけずに適用してきた。自然犯に対する刑事訴訟法が成立しているが，法定犯についての特別な刑事手続法を創設すべきであるが，そのような提案はほとんどなされていない。

2　証　明　度

　刑事手続においては，無罪推定があり，証明度は90％以上とされている。それゆえ，第三者委員会の報告をさらに強制力をもって調査し，補充することにより立件することとなる。それゆえ，日大アメフト事件のように，第三者委員会の暴行の認定の報告書があったとしても，刑事責任としては検察が裁量で起訴しないとの結論はあり得る。特に，刑事手続では，責任はあるとしても悪質でない場合には起訴猶予することもあり，起訴されないからといって，責任がないということにはならない。

3　起訴される場合

　第三者委員会の報告書が適正なものであり，捜査機関がさらに捜査し，起訴し，有罪認定がなされた場合には，会計粉飾が故意に行われたものといえる。オリンパスの場合には，会社，取締役，監査役及び公認会計士が起訴され有罪とされた。

4　刑事手続の弊害

日本では，納税優先主義が極めて強く，粉飾で発生する利益へ

の課税も，納税として評価されるため，会計基準の遵守が蔑ろにされてきた経緯がある。第三者委員会が作られない場合や報告書が不充分な場合には，被害者の告訴により捜査機関が調査を開始する。例えば，バブル崩壊を契機に，社会的責任が問題となった長銀と日債銀の事件では，RCC（整理回収機構）が両銀行の取締役を，刑事告訴したことにより，起訴され，一審及び二審にて，貸倒引当金未計上による違法配当として有罪となったが，最高裁では無罪となった。民事では1審でRCCの敗訴となったことが刑事無罪へと導いた。民事では最高裁までRCC敗訴であった。しかし，本来通達違反の粉飾の違法配当であり，刑事責任を問わなくても，民事責任を負わせるべきであった。また，カネボウ事件では，会社，取締役及び監査法人が有罪となったが，本来民事責任で処理すべきであった。

5　あるべき刑事手続

(1)　悪質事犯

　経済犯や法定犯は，原則として刑事手続によるべきものではない。すなわち，悪質な事犯（被害が大きい場合や違法性が高い場合）に限定するべきであり，第三者委員会の調査，行政手続及び民事手続によって，問題の解明がなされるべきである。

　従前はそれ等の手続が十分に発展していなかったために，刑事偏重になったに過ぎない。また，捜査の難易によっても取り上げられる事案が限定されてしまい，必ずしも粉飾問題の解決及び被害回復につながらないおそれも存在する。

⑵　選択の基準

　第三者委員会，行政手続や民事手続の経過で，悪質なものを選択するべきである。例えば，証拠を隠滅するなどの場合である。日本では，証拠収集の方法が限られていたため，民事手続が活用できず，刑事手続が先行してきた。例えば，長銀・日債銀，キャッツ及びライブドアでは，第三者委員会や行政処分がないままに，必ずしも悪質事案ではないにも関わらず，捜査が開始され，多数の関係者が混乱に陥れられた。

第4　民事主導型の類型

　過去の粉飾事件を含めて，役員や監査人の責任を問う民事判例を整理すると，以下のとおり，①金銭流出型，②資産棄損型，③倒産型，④粉飾違法配当型，⑤粉飾一般型に分類することができる。かかる分類は，本邦での初の公表である。損害の種類を特定することにより，株主直接請求と株主代表訴訟の機能を区分する意義を有している。また，損害額を特定するために重要な基準となる。

1　①金銭流出型

　罰金及び課徴金等が課せられた事例（日本航空電子事件，ダスキン事件，大和銀行事件，三洋電機事件，ビックカメラ事件及びIHI事件）並びに横領及び背任が問題となった事例（大原町農協事件，日本コッパース事件及び凸形印刷労組事件）が典型例である。この

類型では，会社から流出した額を損害とするものであり，株主は直接の損害を被っていないため，直接請求による責任追及は困難である。そのため，株主代表訴訟によって，取締役，監査役及び会計監査人が責任追及される。

2　②資産棄損型

過大な債務負担を原因として資産を棄損させた例（サンライズ事件），不良貸し付けにより資産を減少させる例（長銀日債銀事件）が典型例である。この類型では，株価の下落額を損害とし，株主の直接請求によって争われる場合と，資産棄損額を損害とし株主代表訴訟によって争われる場合に分けられる。

3　③倒　産　型

上記②がさらに進んだ場合に，会計粉飾により，民事再生や破産に陥った事例（釧路生協事件，山一証券事件及びセイクレスト事件）が典型例としてある。この類型では，株価滅失額を損害とし，株主（元）の直接請求によって争われる場合と管財人が資産減失額を損害とし，取締役，監査役及び会計監査人の責任を追及する場合とに分けられる。

4　④粉飾違法配当型

会計粉飾をすることで分配可能額を水増しし，違法配当がなさ

れた事例（長銀日債銀事件，オリンパス事件及びカネボウ事件）が
典型例である。違法配当が発覚した場合，株価が下落する傾向に
ある。そのため，この類型では，株価の下落を損害とし，株主が
直接請求によって争う場合と，違法に配当することによって流出
した額を損害とし，株主代表訴訟によって争われる場合に分けら
れる。

5　⑤粉飾一般型

　マスコミ報道，第三者委員会設置，刑事手続の開始により，有
価証券報告書等の虚偽記載が発覚し，株価が下落することで紛争
に発展する類型である（キャッツ事件，そごう事件，ライブドア事
件，ナナボシ事件及び三洋電機事件）。粉飾違法配当型同様，株価
の下落を損害とし，株主が直接請求によって争う場合が多い。会
社財産の棄損・流出を生じさせるものではないため，株主代表訴
訟によって争われる例は少ない。

6　調査資料開示制度へ

　以上のように，会計粉飾がどの類型に該当するべきものかを検
討し，民事訴訟の利用を活性化させることで，民事主導型の紛争
解決につなげていくべきである。そのためには，行政主導型も加
味し，金融庁等の行政庁は，強制権限をもって法令違反を調査す
ることを拡大すべきである。その結果，仮に，行政処分や刑事告
発に至らないときでも，調査結果の内容をすべて公表する制度を

作るべきである。マスコミのためにも，民事訴訟等の準備のためにも収集した資料等を開示する制度の創設を検討すべきとの趣旨である。

（参考文献）

・弥永真生『会計処理の適切性をめぐる裁判例を見つめ直す』日本公認会計協会出版局（2018 年）

・山田優子「監査人の懲戒処分事案における財務諸表監査・内部統制監査の問題点」経営論集（2018 年）

・岡本智英子「会社法における会計監査人」ビジネス＆アカウンティングレビュー（2006 年）

・細野祐二『粉飾決算 VS 会計基準』日経 BP 社（2017 年）

・小笠原啓『東芝粉飾の原点　内部告発が暴いた闇』日経 BP 社（2016 年）

・久保惠一『東芝事件総決算』日本経済新聞出版社（2018 年）

・浜田康『粉飾決算　問われる監査と内部統制』日本経済新聞出版社（2016 年）

・樋口晴彦「オリンパス不正会計事件の事例研究」千葉商大論叢（2014 年）

・証券取引等監視委員会「告発事件の概要一覧表」（https://www.fsa.go.jp/sesc/actions/koku_gaiyou.htm）

第3章

医療における民事・刑事の規範と医療事故調査制度

第1 医療と法制度の接点

1 事後処理と事前予防

　法制度と医療との接点について，一般的に想起される場面は医療過誤における民事訴訟ではないかと思われる。医療過誤は，医療による被害が発生した後の状態であり，法制度は事後処理の役割を担ってきた。しかし，2000年代に入り，予防の観点が協調されるようになり，まずソフトローの運用として，医療安全対策を担う院内組織による医療事故の調査が始まり，予防の目的をもちつつも，事後処理の面もある状況となった。

　その結果，近年においては，さらに医療にも法的責任の観点から医療過誤や説明義務違反の予防や医療過誤の隠蔽を防止するための内部統制システムの構築といったガバナンスも求められ，事前予防も法制度の役割として機能してきている。

　このように，医療と法制度の接点には，事後処理及び事前予防があるが，それぞれの場面において法制度の役割が大きく異なる

とともに，理念においては深く連携しているのである。

2　ピラミッドモデルにおける医療法の体系

　事前と事後を考慮に入れて医療におけるピラミッドモデル（刑事主導型を頂点とし，民事主導型，行政主導型，団体主導型へと連なるピラミッド型）に当てはめてみる。

　まず，事後に割り当てられる医療過誤や事故の処理に対して，刑事主導型が刑事罰による被害感情を応報感情の満足により代償（心理学用語：別の感情に置き換えて解消すること），民事主導型が被害感情を金銭賠償の経済的満足感により代償，行政主導型（頻度は少ない）が医業停止等の行政罰に基づく応報感情の満足により代償，団体主導型が医療界独自の補償制度に基づく金銭補償の経済的満足感により代償，このように被害を救済する。また，行政主導型と団体主導型の中間として，医療事故調査制度があり，原因解明により患者側の理解を求め患者側が医療事故の回避が難しかったことを受け入れる合理化（いわゆる納得）により被害感情を解消し，被害を救済する。

　一方，事前に割り当てられる医療過誤及び事故の予防に対して，刑事主導型が医療者に対する刑事罰により抑止力を有し，民事主導型が主に病院に対する金銭賠償という経済的抑止力を有し，行政主導型（影響力が大きい）が医療関係法規による抑止力，及び，保険診療報酬による質を担保した医療の設定や医療安全管理対策加算などのシステム構築による抑止力を有し，団体主導型が診療ガイドラインによる安全な医療の提供や医療倫理・職業倫理によ

事前（予防）ピラミッドモデル　事後（医療過誤）

事前（予防）		事後（医療過誤）
刑事罰 個別の医療者に対する抑止力	刑事 主導型	刑事罰 応報感情満足による代償
金銭賠償 医療機関に対する経済的抑止力	民事 主導型	金銭賠償 経済的満足による代償
関係法規・保険診療報酬 法の強制力・報酬による間接強制	行政主導型	医業停止などの行政罰 応報感情満足による代償
医療事故調査制度 根本的な原因解明による予防策		医療事故調査制度 原因解明による合理化（納得）
ガイドライン・医療倫理 安全な医療の提供・医療者の責任感	団体主導型	医師賠償保険及び 業界独自の補償制度 経済的満足による代償

る抑止力を有する。また，行政主導型と団体主導型の中間の医療事故調査制度は，事故原因を究明し根本的に事故の発生を予防する。

　以上によれば，4類型機能型としての体系が整備されているようにもみえる。

3　法変動の経過と現状

　上記の医療法の体系は，下に位置するほど役割が広く，社会的に重要であるとの理想像を示している。後述のように，刑事手続過剰の時期には逆ピラミッドになってしまったこともあり，また，民事裁判の課題について発生と解決を繰り返しており，民事主導型によりすべて解決したとはいえず，未だ改善の余地を残してい

る。よって，以下では，歴史的経過を辿りつつ，今後の展望を試みる。

第2　医療過誤による被害者の民事上の救済

1　医療契約の法的位置づけ

　まず，医療契約の法的性質から考えることとする。医療機関と患者が締結する医療契約は，医療機関が医療の提供義務を負い，患者が報酬支払義務を負うことを本質的な内容とする双務契約である。

　医療契約の性質について，人を治すという点に注目して機械の修理と同様に扱うならば，疾患の診断及び治療が仕事であり，患者の疾病治癒が仕事の完成である請負契約に分類することも可能であろう。しかし，通説は医療契約を準委任契約に性質を分類する。

　法的には医療契約が請負契約の内容である結果債務ではなく，委任契約の内容である手段債務であるからと説明できるが，なぜ手段債務に分類されるのであろうか。それは，医療という分野は，建築などと異なり，健康や寿命に対する人類の飽くなき探求心を基礎として，どこまでも完成しない未確立の科学として存在しているからである。単に，100％の成功確率が医療に見込めないからと理由づけることも可能であるし，結果に幅のある又は結果を保証しない債務（例えば，診断結果を絞らず疾患の可能性をいくつか挙げるような診断を内容とする債務や手技の適否を保証せず一定の

手技を行うことを内容とする債務など）は手段債務だからである。

　他方で患者を含む一般市民が，医療のもたらす結果に対して大きな期待や希望を抱いていることが手段債務に分類する障害となっている。

　つまり，契約の多くが結果債務であることに慣れきっている一般市民にとって，手段債務の概念を当然のように理解することは難しい面がある。

　このように医療における医療者と患者の特殊な関係及び環境は，被害者救済の場面においても，大きな課題又は障害となるのである。

2　社会の情報化

　医学の歴史を遡るなら，古代エジプト医学やバビロニア医学などの紀元前の医学まで記録が残っており，薬草等を用いた治療について，それ以前ともいわれ，現代の医学は長く積み重なった歴史上にある。

　しかし，一般市民が医療の確実性を見いだし始めた時点は，感染症に対する治療薬である抗生物質の開発と広い実用や手術の普及と麻酔の発展ではなかろうか。一定の感染症に対し，適切な時期に適切な抗生物質を用いれば，その感染症は完全に治癒できることが多い。また，安全な麻酔下において手術で患部を全て切除すれば，完全に治癒できることもある。

　つまり，それまで自然に身を委ねるしかなかった病気が，医療により完全に回復する経験を積み重ねることにより，不治の病は

残されているものの，「多くの病気は治るもの」という認識が一般市民に広まったともいえる。このように医療に対する期待は，医学の発展により治療可能な疾患が増えれば増える程，一般市民の中で大きくなっていったのである。

　他方，人体の仕組みがすべて解明されていない中で氷山の一角を解決し続けている医療において，未知の機序が残されたままであり，期待を裏切る結果が容易に起こる。それ故，不確実ながらも助かることが多い病気で亡くなれば，医療者は，腕が悪いだの判断がおかしいだのヤブ医者と非難されるのである。

　社会の情報化が進み，口コミや専門書籍に頼っていた医学に関する情報も，今やインターネットにより簡単に検索できてしまう。このような情報化社会において，一般市民は，医療者が一生に遭遇するか分からない程度の稀な病気ですら，現在の医療をもってすれば治ると期待又は誤解するようになっている。つまり，医療に関する多様な情報の普及により，医療者の立場又は責任も，被害者の期待及び要求も，いずれも大きく左右されるようになった。

3　医療水準論の確立

　医療の不確実さと一般市民の期待がどこかで線を引かれないと，科学的に絶対の正解がない以上，近代的な医療への期待を裏切られた被害者は医療の不確実さを口実にして，救済されぬまま取り残されていくことになり，日本では過去にその傾向が続いた。

　そこで医学的に妥当な期待と過剰な期待を画する概念として「医療水準」が誕生した。最高裁による「医療水準」についての

判断は，1970年代に医療界に広まった未熟児網膜症に対する光凝固法という治療について争われた日赤高山事件（最判昭和57年3月30日判時1039号66頁）に用いられた。最高裁は，「人の生命及び健康を管理すべき業務に従事する者は，その業務の性質に照らし，危険防止のための実験上必要とされる最善の注意義務を要求されるが，右注意義務の基準となるべきものは，診療当時のいわゆる臨床医学の実践における医療水準である」と判示し，医療水準という概念が医療者の義務内容となり，医療水準は実践としての医療の水準であることを明言した。

　これにより，医療水準を境にこれに満たない医療による被害について，民事訴訟による救済がなされることが明確となり，民事救済が一定程度広まったといえる。そして，医療側も医療水準の拠り所となるガイドラインを関係学会主導で作成することにより，医療の質を担保しつつ，患者側の過剰な期待による紛争を回避することが可能となった。結果として，主な医療の領域では，ガイドラインの作成が進み，ガイドラインに従った標準的な医療の提供が相当普及している現状である。

4　医療における説明義務

　他方，医療に対する情報が溢れかえる現代において，患者側が自己に適切な情報を峻別することは難しい。その中で，患者には，自己決定権を保障しなければならない。そこで，患者に自己決定をしてもらうプロセスで，有効な同意を得るための説明が求められ，医療者に説明義務が課されるようになっている。

　最高裁は説明義務の内容として次のように判示している。

　『医師は，患者の疾患の治療のために手術を実施するに当たっては，診療契約に基づき，特別の事情のない限り，患者に対し，当該疾患の診断（病名と病状），実施予定の手術の内容，手術に付随する危険性，他に選択可能な治療方法があれば，その内容と利害得失，予後などについて説明すべき義務があり，また，医療水準として確立した療法（術式）が複数存在する場合には，患者がそのいずれを選択するかにつき熟慮の上判断することができるような仕方で，それぞれの療法（術式）の違いや利害得失を分かりやすく説明することが求められると解される』（最高裁平成11年(オ)第576号同13年11月27日第三小法廷判決・民集55巻6号1154頁）。

5　医療裁判の改善

　医療における民事訴訟の原告（患者側）の勝訴率は，他の民事訴訟と比べて圧倒的に低い。この最たる原因は，医学的知見の偏在であろう。原告（患者側）に医学的知見が圧倒的に不足していれば，原告は，医療者に責任を問うための適切な主張や立証ができず，的をついた争点を出せずに，訴訟の場で時間を費やし，当然の結果として敗訴する。この場合，医療水準論が正しく機能した裁判とは言い難い。つまり，医学的知見の偏在は単純な話に留まらず，司法への信頼の問題にまで至る。

　医学的知見の偏在は，裁判所，原告（代理人弁護士），被告（医療者側）の三者の間に存在している。つまり，裁判官と原告代理人弁護士は，医療に精通していないため，被告の提出する医学的

知見に抗うことができず，一方的な情報に基づき審理をせざるえ
ないこと，中立的な医師の鑑定人の選任と手続に難があり，鑑定
人が被告医療側の弁護に回ってしまうこと，及び医療の社会的重
要性に鑑みて医療を保護すべきという観点から医療の専門家たる
医師に対する責任を問うことが厭われたことなどが挙げられる。
しかし，下記の刑事手続の進展やマスコミの報道，欧米からの影
響などにより裁判所の中立性がより求められ，裁判所と被告との
間の医学的知見の偏在は是正を余儀なくされた。結果として，医
療集中部の創設，カンファレンス鑑定などの仕組みが導入され，
この医学的知見の偏在は一定程度是正された。

6　現状の課題

　医療では民事事件における相手方の支払能力の欠如という欠陥
がほとんどなく，医師賠償責任保険や施設賠償責任保険も普及し，
利用されている。
　このような背景の下，医療過誤の相談件数や医療関係訴訟の新
件受理件数[1]は相当数で維持されている。よって，施設内転倒に
よる骨折など定型化されつつある類型の事件も存在する。他方，
高度な手術など最先端かつ複雑な医療における事件も多く，被害
者側が事案を把握することすら難しい事件も多い。このような難
事件では，従来の医療水準論により被害を救済できないおそれも

---

(1)　平成30年の新件受理件数は785件であり，概ね800件前後を推移
　　している。(最高裁判所医事関係訴訟委員会「医事関係訴訟事件の処理
　　状況及び平均審理期間」)

高く，インフォームドコンセントや自己決定権を根源とする説明
義務や新たな過失・損害論といった新しい知見による訴訟の円滑
化が期待される。

第3　医療過誤に対する刑事手続の導入の失敗

1　刑事司法と医療過誤

　医療過誤に対する刑事手続の発動により，推定有罪の報道を惹
起し，医療者は，信頼して命を預けるべき存在ではなく，国家に
より犯罪を疑われる容疑者として注目を集め，延いては医療に対
する不信を助長する。しかし，刑事裁判は，1999 年から 2016 年
までの統計によると立件送致数の約 2 割程度であり，その大部分
が罰金以下の略式裁判である[2]。また，2016 年以降に絞ると，刑
事裁判は，立件送致数の 5 ％未満であり，たった 2 人である[3]。
つまり，刑事手続の発動は，あらぬ疑いや軽微な過失を多く含む
にもかかわらず，医療に対する過剰な不信を招来している可能性
が高い。反対に，被害者は，刑事手続により応報感情が満たされ，
刑事手続に用いた証拠を得ることができるものの，金銭的救済を
得るために別途民事手続が必要である。

　医療過誤が故意犯でなく過失犯であることから，刑事手続の発

---

(2)　1999 年から 2016 年の総数として，立件送致数が 1153 人，公判請求
　　が 50 人，略式裁判が 206 人である。

(3)　2016 年の内訳として，立件送致数 43 人，公判請求が 1 人，略式裁
　　判が 1 人である。

動は，医療者に対する注意喚起程度の効果しかない。その反面，刑事手続の発動を危惧する医療者は，リスクのある医療の提供を差し控え，新たな医療の模索を止めてしまう。

　まとめると医療過誤の刑事司法は，被害者の応報感情の満足と医療者への注意喚起程度の効果しかないが，同時に，医療不信と医療の委縮を招き，医療の発展を妨げ，救われるべき患者が救われないという結果を生むおそれがあるのである。つまり，社会全体の利益から捉えれば，刑事手続きの発動は，社会的利益をもたらすための社会的正義の実現であるのに，社会の発展を阻害するという矛盾を抱えている。

2　医療過誤に対する刑事手続の発動

　20 世紀にも医療過誤に対する刑事手続の発動はあったが，21 世紀初頭において，明らかに増加した。横浜市大患者取違え事件（最決平成 19 年 3 月 26 日刑集 61 巻 2 号 131 頁）や都立広尾病院消毒液点滴事件（最判平成 16 年 4 月 13 日刑集 58 巻 4 号 247 頁）という重大かつ過誤の分かりやすい典型例の摘発から始まり，徐々に刑事手続の発動が広がりを見せた。しかし，医療過誤の背景に医療の高度化や複雑化があり，刑事事件化されても医療過誤の本質的課題が明らかになることはなかった。そのため，刑事手続の発動は徐々に陰りを見せ，システムアプローチによる予防体制の整備へと向かうこととなった。

　下のグラフ 1 のように，1999 年から突如として医療過誤の報道件数が増加していることが分かる。この理由として，医療の質

が突如として変化することは考えられず，報道主導により従来の
医療に対して社会的注目や批判が集まったことが考えられる。

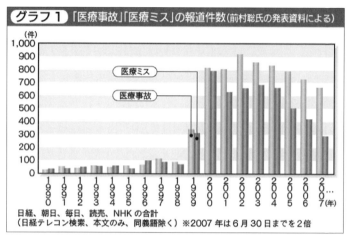

グラフ1 「医療事故」「医療ミス」の報道件数（前村聡氏の発表資料による）

日経、朝日、毎日、読売、NHK の合計
（日経テレコン検索、本文のみ、同義語除く）※2007 年は 6 月 30 日までを 2 倍

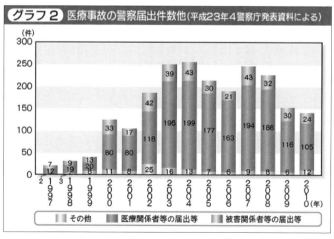

グラフ2 医療事故の警察届出件数他（平成23年4月警察庁発表資料による）

その他　医療関係者等の届出等　被害関係者等の届出等

　一方，医療過誤において刑事手続が発動され，かつ，判決にまで至る件数は，下図のとおり，21世紀初頭に急激な増加が認められるが，2005年をピークに20世紀と同等からやや少ない件数にまで低下している。こういった刑事判決件数の推移は，次のような刑事司法による介入の限界が顕在化したことによると考えられる。

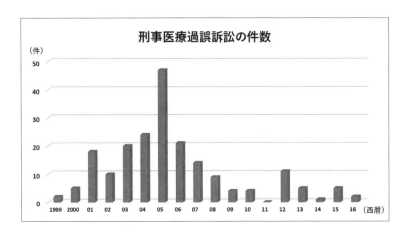

3　刑事司法による介入の限界

　社会的に大きな議論を醸し出した無罪事件として，東京女子医大事件（東京地裁判決平成17年11月30日平14（刑わ）2520号），大野病院事件（福島地裁判決平成20年8月20日季刊刑事弁護57号185頁）が挙げられよう。

　大野病院事件は，2004年，帝王切開術を行ったところ癒着胎盤の用手剝離が原因の術中大量出血により死亡した事案であり，

医師は，用手剝離を継続した行為に過失があったとされ，業務上過失致死罪にて逮捕勾留された。

　判決は，「当該科目の診療に携わる医師が，当該場面に直面した場合に，ほとんどの者がその基準に従った医療措置を講じていると言える程度の，一般的あるいは通有性を具備したものでなければならない」と医療水準よりやや緩やかに基準を設け，検察官が主張する用手剝離を中断すべきとした医学的知見を排斥し，用手剝離後止血することが標準的な医療措置と認定し，無罪判決を言い渡した。

　このように，高度な医療判断を含む医療において，医療を専門としない司法が逮捕，起訴したことに対し，医療界から強烈な批判が噴出し，医療の萎縮や医療事故の予防を含む医療の発展を阻害するとの批判まで広く知られるところとなった。

第4　医療事故調査制度
（自主規律と行政規制の中間の団体主導型）

　医療は，日常的に医療的判断や処置などを大量に繰り返しており，医療者個人の注意力で過誤を防止することに限界がある。20世紀末より英米を中心に医療事故の増大防止策が拡大していった。医療過誤の本質的な原因が多岐に渡るのであるから，適切かつ効率的な再発防止策は，起きた医療事故及び医療事故の発生につながる情報（ヒヤリハット）の集約と検討が出発点となる。

　そこで，2000年頃までに病院内部における医療事故報告とヒヤリハット報告の集約と検討が急速に広まった。2005年には財

団法人日本医療機能評価機構の医療事故防止センターにより病院
単位の報告を全国規模の報告に集約し，報告の分析と提言を行っ
ている（包括的医療事故調査制度）。

　その後，重大事故の再発防止を目的に，医療法を改正し，2015
年から一般社団法人日本医療安全調査機構の医療事故調査・支援
センターに対して予期せぬ死亡の報告を義務化した（個別的医療
事故調査制度）。

　同制度の事故調査報告書が民事手続の資料とできるとの立場か
らは，円滑な紛争解決と被害者救済に資するといわれる。

　他方，同制度を責任追及の目的に利用すべきでないとする立場
からは，被害者救済の為の制度が別途必要であるとし，基金の設
立による被害者救済を目指した（2009 年に創設された産科医療補
償制度）。

第5　行政主導の失敗例

1　ハンセン病患者に対する行政主導の対策とその誤り

　らい予防法は，抗酸菌（結核菌も含まれる）の一種であるらい
菌の感染によるハンセン病患者に対し，隔離等の強力な私権の制
限や著しい偏見・差別を生んだ。しかし，ハンセン病は，治療法
が確立されれば，重篤な後遺症を残さず，感染源にならない。し
かし，この医学的知見が確実に判明していた昭和 35 年以降も，
漫然と従来の運用を継続する行政府と法律の廃止や改正を行わな
かった立法府により，ハンセン病患者に対する私権の制限等が継

続され続けた。つまり，医療水準に照らして許されなくなった取扱いが行政主導で継続されたのである。

2　ハンセン病患者の被害救済

　1998 年熊本地裁において，ハンセン病患者により立法府及び行政府による不作為について国家賠償請求訴訟が提起された。2001 年判決では，らい予防法の違憲が判示され，国会議員の立法不作為が違法かつ有責であり，不法行為が成立すると認定した。

　この判決に対し，政府は政治判断により控訴せず，判決が確定し，ハンセン病患者に対しては，2001 年の「ハンセン病療養所入所者等に対する補償金の支給等に関する法律」により補償された。また，ハンセン病患者の家族に対しては，2019 年の「ハンセン病元患者家族に対する補償金の支給等に関する法律」により補償された。一見すると，旧法（らい予防法）の不備による被害が民事訴訟により救済され，新法で一律に補償するという法機能が発揮されたように見える。

　しかし，法律の運用主体たる行政による歴史的な大失策であり，行政主導型から法機能不全型へ移行し甚大な被害が発生した一例といえる。そして，市民運動や報道により苦難の末に憲法訴訟という狭き門を潜り抜け，法機能不全型の被害を救済・補償したという稀な正義の実現であったといえる。

（参考文献）

・遠藤直哉『法動態講座 4　医療と法の新理論』信山社（2019 年）

・児玉安司「医療介護のリスクマネジメント」WAM 2016 年 5 月号，
　法研（2016 年）

・医療行為と刑事責任の研究会「医療行為と刑事責任について（中間
　報告）」厚生労働省（2019 年）

・米村滋人『医事法講義』日本評論社（2016 年）

第4章

薬事分野における
法規制の変動

第1　法規制の拡大

1　民事司法手続き主導から行政主導へ

　第二次世界大戦後から 1965 年頃まで，米国では，石炭，クロム，自動車，機械，タバコ，アスベスト，薬品等について，製造物責任訴訟がまさに爆発するがごとく増大した。ラルフ・ネーダー弁護士は，そのリーダーであり，大統領選挙出馬までに至る。しかるに，日本では，製造物責任の法理に関する事例は皆無であった。多くの社会派弁護士は主として労働運動と学生運動への刑事弾圧に対抗することに明け暮れていた状況であった。

　1960 年代後半に欠陥自動車に関する報道がされ始め，これを背景として 1970 年頃，日本自動車ユーザーユニオンという欠陥車被害者団体が発足した。1971 年頃，ユーザーユニオン幹部（うち 1 名はハーバード大学留学の元検事の弁護士）が恐喝未遂容疑で東京地検特捜部に逮捕，起訴されるに至り，刑事裁判手続きにおいて懲役 2 年執行猶予 4 年の判決が確定した。自動車メーカーと

の示談交渉に端を発し，消費者運動が刑事事件に発展するという
事案であり，刑事失敗型が発生した。

　このような状況で，1965 年頃，サリドマイド訴訟が提起され，
1970 年代に入りスモン訴訟が続いた。いずれも和解により一定
の成果を上げるものの，米国のように多数の巨額な賠償金を認め
る判決による解決にいたらなかった。

　その代わりに，訴訟において問題提起がされたことなどを踏ま
えて薬害問題の法律が改正又は制定された。歴史的には，以下の
年表のとおり，薬害事件が生じるたびに制度改正が行われてい
る[1]。その中でも，副作用被害救済制度は 1979 年から運用され，
2002 年に独立行政法人医薬品医療機器総合機構法（PMDA 法）
を根拠として，公式に制定し，行政主導による被害者救済を図っ
ている[2]。このような経過により，行政主導型で一定の成果をあ
げたといえるが，その予防機能は奏功しなかった。

2　民事司法手続き機能不全型の継続

　年表に掲げた大規模薬害事件では，国及び製薬会社に民事上の
賠償責任があることを前提とした和解が成立しているが，これ以
外の薬害事件では，国及び製薬会社の民事責任も否定されたもの

---

(1)　https://www.mhlw.go.jp/shingi/2008/06/dl/s0605-4a_0004.pdf を
　　参照。
(2)　同法では，その給付額を医療費，医療手当，障害年金等の種類ごと
　　に定める。その対象となる健康被害は医薬品等を適正に使用したにも
　　かかわらず発生した副作用による疾病，障害および死亡であり，かつ
　　一定要件を充たした健康被害としている。

が複数ある。例えば，クロロキン網膜症事件[3]では，第1審は国，製薬会社，医師及び医療機関に対して損害賠償請求を認めたが，控訴審は国の責任や医療機関の一部の責任を否定した。上告審では，製薬会社との間では和解が成立したが，国や医療機関の責任を認めず上告が棄却された。さらにイレッサ事件[4]では，国および製薬会社に対する請求を一部認容して患者一人当たり880万円の損害を認定したが，控訴審は逆転敗訴となった。上告審においても国および製薬会社に対する請求を棄却した。

このように薬事分野においては，未知の点が多い疾病の治療を対象とするその性質上，民事責任を追及することが困難とされ，また問題の発生を踏まえた立法による手当は後手に回らざるを得ないというケースが多々見られる[5]。

---

(3) 最高裁平成7年6月23日判決民集49巻6号1600頁。

(4) 最高裁平成25年4月12日判決民集67巻4号899頁。

(5) 以上のような問題は，日本のみのものではなく世界共通である。ただし，欧米においては歴史的に主権免責の考え方があるため，国に対する責任追及できない時代があった。米国では連邦不法行為訴訟法（1946年）の制定，英国では国王訴訟手続法の制定（1947年）の制定により主権免責を放棄した。しかしながら，一部は適用除外として裁量免責が残されている。さらに事実上訴訟における義務違反や因果関係の証明が難しく，責任追及が難しい。そのため，米国における薬害事件の紛争においては，懲罰的損害賠償を求めるべく，製薬会社に対する巨額の損害賠償事件となっている。もっとも，このような問題を受けて立法により安全性対策の強化がなされる傾向は日本と同様である。

3　刑事司法手続き発動の是非

　上述のとおり，民事司法手続き機能不全と，薬害の行政上の予防機能の継続的な不全により，薬害エイズ事件では，初めて刑事司法手続きが取られた。企業・行政・医療による複合型事件であり，ミドリ十字ルート，厚生省ルート，帝京大学ルートの各主要人物が，業務上過失致死罪で逮捕起訴され，前二者事件は有罪とされた。

　薬害エイズ事件において，民事司法手続き機能不全による救済の不十分さを補完するために刑事司法手続きを発動しても，個人責任を追及するにすぎず，再発防止にはなりえなかった。また，厚生省の行政官は，その時期に責任者の立場にあったにすぎず，責任があるにしても組織過失であり，特定個人を刑事裁判手続きに乗せることで再発予防にはなりえなかった。行政としては再発防止のための制度作りや個人救済のための補償制度を設けていくことが重要であった。

　さらに，ディオバン事件は，薬害を発生させる原因としての研究や司法手続きの機能不全を明るみに出した最新の，かつ極めて重要な現代的テーマである。

　以下では，薬害エイズ事件（帝京大学ルート）およびディオバン事件を検証しつつ，薬害の法規制の今後のあり方を探る。

薬害事件に関する年表

年	事件	事件に近接した薬事法改正等	民事事件の経過および結果	刑事事件の有無
1961 年頃	サリド マイド	・医薬品の製造承認等に関する基本方針 (1967 年) ①承認申請に必要な資料の範囲を明示 ②医療用医薬品と一般用医薬品の区別し，それぞれの性格を考慮した承認審査を実施等 ③副作用報告義務化	【経過】 1963 年名古屋地裁への提訴に始まり，72 年までに全国 8 地域，63 被害者家族が訴訟を提起。 【結果】 1974 年 10 月和解成立で終了 (判決前)。1 人当たり 2800 万～4000 万円。	× (1966 年 大 日 本 製 薬 (株)を薬事法違反及び業務上過失致死傷害罪で京都地検に刑事告発したが不起訴処分。検察審査会は不起訴不当としたが，1970 年，京都地検は再調査でも不起訴と決定。)
1970 年頃	スモン	・医薬品再評価制度 (1971 年) ・医薬品副作用被害救済制度 (1979 年) ・薬事法改正 (1979 年) 主な改正 ①薬事法の目的に，医薬品等の品質，有効性及び安全性を確保することを明示 ②行政指導で行われていた，企業の副作用報告を義務化 ③新医薬品について，承認から一定期間経過後に国が有効性等を再度確認する再審査制度を新設・既存の医薬品について，行政指導で行われていた，医学薬学の進歩に応じて，有効性，安全性，品質を国が再度見直す再評価制度を規定 ④厚生大臣の監督 ⑤治験届の提出義務化 ⑥企業から販売業者等に対する情報提供努力義務を規定等	【経過】 1971 年東京地裁に国と製薬企業 (武田，チバガイギー，田辺)を相手方として提訴。 【結果】 1977 年～9 地裁における判決 (8 地裁で国全面敗訴)。1979 年和解確認書調印・和解一時金：症状等に応じて 420 万円～4700 万円＋弁護士費用 (企業 2／3, 国 1／3 負担)など。	×
1988 年頃	薬害 エイズ	・薬事法改正 (1983 年) ①外国事業者の直接承認申請 ②外国製造承認取得後の輸入販売承認 ③厚生大臣の調査権限	【結果】 1996 年，東京・大阪両地裁は発症者に月 15 万円を支給する第二次和解案を提示し，ミドリ十字，化学及血清療法研究所，バクスタージャパン，日本臓器製薬およびバイエル薬品の 5 社および国が和解受け入れ，両地裁で和解が成立 (判決前)。	○
1993 年頃	ソリブ ジン	・薬事法改正 (1996 年) ①医薬品の臨床試験の実施の基準(GCP)の遵守を義務化 ②承認申請資料は基準(GCP 等)に従って基準・作成される旨を規定 ③医薬品等による副作用報告を法律に明記 ④感染症等の発生報告を義務化	【経過】 日本国内では治験段階で 3 人，1993 年 9 月の発売後 1 年間に 15 人の死者を出した。 【結果】 1998 年遺族の 1 人が横浜地裁に訴訟提起し，和解成立。大規模訴訟にならず。	×

		⑤外国で保健衛生上の危害の発生等の防止措置（製造・販売の中止，回収等）がとられた場合の報告を義務化等		
1997年頃	クロイツフェルト・ヤコブ病	・薬事法改正（2002年）①生物由来製品の特例②市販後安全対策の充実と承認・許可制度の見直し・薬害肝炎被害救済法成立（2008年）	【経過】国，ビー・ブラウン社および日本ビー・エス・エス株式会社を相手方に大津地方裁判所及び東京地方裁判所へ提訴。【結果】2002年判決前和解成立。和解金＝定額部分3,650万円に年齢，療養期間，弁護士費用に応じた加算を行ったもの＋患者に一律350万円を支払う。	×
2002年頃	C型肝炎		【経過】2002年，国，田辺三菱製薬および日本製薬を相手方に東京地方裁判所，大阪地方裁判所，福岡地方裁判所，名古屋地方裁判所，仙台地方裁判所の5地方裁判所で提訴。【結果】判決前和解。薬害肝炎被害救済法の立法。	×

第２　薬害エイズ事件（帝京大学ルート）

1　事案の概要，民事訴訟の経過と残された問題

　同事件は，昭和60年5月から6月にかけて3回にわたり，関節内出血を起こした血友病患者に対して，血友病の専門医の安部英氏（旧厚生省エイズ研究班班長）が帝京大学附属病院内科医長のとき，その内科の医師が非加熱製剤を投与した結果，同患者がHIVに感染し，平成3年10月までにAIDSを発症し，同年12月に死亡した事案である。

　薬害エイズ事件は，ミドリ十字株式会社と旧厚生省に対する民

事事件が先行した。すなわち，患者らは，平成元年５月に大阪地裁で，また同年10月に東京地裁で，ミドリ十字株式会社と旧厚生省に対して，損害賠償請求の訴訟を提起した。平成７年10月，東京地方裁判所および大阪地方裁判所は原告一人当たり4500万円の一時金を柱とする和解案を提示したが，旧厚生省はその責任を前提とする和解案の合意に難色を示した。もっとも，当時の菅直人厚生大臣が平成８年１月に薬害エイズ調査班を設置し，昭和58年当時，旧厚生省内に非加熱製剤が危険だという認識があったことを裏付けるファイルを発見した。

同大臣は同年２月16日に患者弁護団に謝罪し，３月７日，東京地裁および大阪地裁は発症者に月15万円を支給する和解案を提示し，３月29日に和解が成立した。

医薬品被害からの救済を求める患者の多くが要求することは，①原因究明，②再発防止，③責任の明確化と謝罪，④補償や賠償，⑤社会的制裁，の５つであるとの文献が見られる。これらの要求が正当な要求なのか疑義はあるが，これらの要求を前提としても，このうち②ないし④の要求は和解案の合意により一定程度充たすが，①の要求を充たすことは民事訴訟手続では困難であった。

本来，原因解明は科学的な裏付けをもとに，科学者の経験則や積み重ねられた知見に基づきなされるものであるため，学会等の団体を主導として実施されるべきである。そして，その団体主導による原因究明調査は法的責任を取ることを求めたり，非難を加えるものではなく，再発防止に向けられたものでなければならない。しかしながら，多くの薬害事件においてはこういった団体主導による原因解明には至っていない。薬害エイズ事件においても，

原因究明を含めて，団体主導による解決や民事司法手続による救済が不十分であった。

2 刑事司法手続による原因究明とその問題点 及び原因究明の望ましいあり方

そこで，刑事事件手続において安部氏の個人責任が問われることとなった。平成 8 年，安部氏は，同内科の医師に非加熱製剤の投与を控えるよう措置を講ずるべきだったのにそれをしなかったとして，業務上過失致死罪によりで逮捕・起訴されたのである。結果として，裁判所は，過失について，次のように示して，同氏の刑事責任を否定した。

裁判所は「本件当時，HIV の性質やその抗体陽性の意味については，なお不明の点が多々存在していた…帝京大学病院には，ギャロ博士の抗体検査結果や AIDS が疑われる 2 症例など同病院に固有の情報が存在したが，これらを考慮しても，本件当時，被告人（安部氏）において，抗体陽性者の「多く」が AIDS を発症すると予見しえたとは認められないし，非加熱製剤の投与が患者を高い確率で HIV に感染させるものであったという事実も認めがたい…」「被告人には，AIDS による血友病患者の死亡という結果発生の予見可能性はあったが，その程度は低いものであったと認められる。」「結果回避義務違反の点についてみると，本件においては，非加熱製剤を投与することによる「治療上の効能，効果」と予見することが可能であった「エイズの危険性」との比較衡量，さらには「非加熱製剤の投与」という医療行為と「クリ

オ製剤による治療等」という他の選択肢との比較衡量が問題となる」「刑事責任を問われるのは，通常の血友病専門医が本件当時の被告人の立場に置かれれば，およそそのような判断はしないはずであるのに，利益に比して危険の大きい医療行為を選択してしまったような場合であると考えられる」としている。

裁判所の判断構造に基づけば，通常の血友病専門医を基準として，当時の知見に基づき予測される非加熱製剤による AIDS の危険性よりも，非加熱製剤の投与による利益が上回ると認められれば，その投与は許容されることとなる。ここでは，安部氏固有の事情である「血友病の専門医であり，帝京大学附属病院内科医長であり，旧厚生省のエイズ研究班の班長」という立場における責任ではなく，通常の血友病専門医として結果回避すべきか否かを問うこととなる。安部氏は自ら非加熱製剤を投与したわけではなく，HIV を含むウイルス学の専門家でもなく，非加熱製剤の知識や経験も通常の血友病専門医と同程度であったのであるから，その過失は否定されたのである。

安部氏の起訴は，薬害エイズ事件という大きな社会問題に対し，刑事司法手続によって原因究明を図るという試みと考えられる。しかし，特に刑事事件における過失判断は，事後に判明した事象ではなく，あくまで当時の医療に対する知見水準を前提として行われる以上，被害者の求める原因究明にはつながり難い。その意味で，刑事司法手続は，原因究明になじまないといわざるを得ない。結局のところ，安部氏の起訴はスケープゴートによる幕引きに過ぎなかったとも言えるのではないか。

本来，原因解明は科学的な裏付けをもとに，科学者の経験則や

積み重ねられた知見に基づきなされるものであるため，学会等の団体が，中立・公平な立場で，専門的知見に基づく研究として調査を行い，適切な時期にその結果を公表することが，再発防止・原因究明の重要なアプローチとして望まれる。

第3　ディオバン事件

1　事案の概要

　本件では，製薬会社の社員が，自社の高血圧治療薬であるディオバン（商品名）の効能又は効果をうたうための広告商材とするため，その効果の裏付けとなる医師主導臨床研究論文のデータを改ざんしたことが問題となり，最終的には刑事事件に発展した。

　すなわち，ノバルティスファーマの元従業員（刑事事件の被告人。以下「元従業員」という）は，臨床研究高血圧の治療薬の医師主導臨床研究の結果を発表したが，その論文のデータに虚偽があったことなどが問題となった。具体的には，ノバルティスファーマ株式会社日本法人とその元従業員が，その業務に関し，①医師主導臨床研究の主論文作成までの段階で，非併用群に属する40症例のイベントを意図的に水増しし，イベントの発生数を改ざんしたところ，その後，研究者らによる各論文の投稿までの間に，そのイベント発生数の水増しを前提とした医師主導臨床研究のデータに基づき解析を行い，大学の研究者に水増しを前提とした解析結果を記載した図表等のデータを提供し，②併用群と非併用群との群分けを一定の基準に基づかずに恣意的に行い，デー

タの前提となるイベント数やＰ値等に改ざんを加えたうえで図表等のデータを提供したなどとして，薬事法66条1項違反を問われたのである。

2　刑事事件の経過

　東京地方裁判所は，このような学術論文作成過程の複数のデータの改ざんを認めた。しかしながら，本事実に対する適用する罪名および罰条が薬事法66条1項等であったところ，元従業員が大学の研究者に本件各論文の作成や投稿をしてもらった行為は研究成果の発表行為であり，医薬品の効能，効果に関する広告を行うための準備行為にとどまるため，薬事法66条1項に該当しないとした。すなわち，研究とその発表は，実施した研究者に責任があり，元従業員は補助者にすぎず，その研究者も直接に広告へ関与していないことから，同法に違反していないとして，元従業員に対しては無罪が言い渡された。

　薬事法66条1項は，論文作成過程でのデータの改ざん等に対する規則を規定するものではなく，虚偽または誇大広告を規制するにすぎない。そのため，元従業員によるデータの改ざんや誤った図表等の提供を同法に基づいて処罰することに無理があるため，刑事司法手続に乗せて真実を明らかにし，その罪責を問うことには限界がある。本来は科学コミュニティの自浄に基づいて学会等の団体主導で是正されるべきであったが，刑事司法手続主導で真実を明らかにしようとしたのは行き過ぎまたは手段不相当であった。

　しかし，このような研究不正を放置すれば，いずれ甚大な被害の発生に至るため，これを契機に予防措置が必要となった。

3　臨床研究法の成立とその課題〜団体主導の必要性〜

　結果的に元従業員への刑事責任は否定されたものの，研究不正の放置により誤ったデータを前提にした医薬品が流通することになれば，健康被害等が発生しかねない。そこで，同事件を契機として，平成29年に臨床研究法が成立し，治験以外の臨床研究においても厚生労働大臣の監督権限や罰則付きの遵守義務が及ぶこととなった。

　しかし，同法により刑事罰の対象となるのは個々の患者の記録を偽造する行為や廃棄する行為であり，学術論文を作成する過程でのデータ改ざん等は構成要件該当事実になりえない。さらに，競争的資金を用いた臨床研究にかかる研究成果の改ざん等については，研究活動における不正行為への対応等に関するガイドラインに基づき，研究者には違反に対する措置として参加制限措置，研究機関には競争的研究費等の返還や削減等といった措置が取られるにすぎず，刑事罰が法律によって定められているわけではない。

　学術論文の作成過程を刑事罰の対象とできない理由は，学問の自由や表現の自由を制限することになるからである。すなわち，あくまでも研究者や医学者自らの規律や研究機関や医療機関，科学コミュニティの自律に基づく自浄作用によるべきであり，学問の自由や表現の自由を制限してまで謙抑的な態度をとらないこと

で，萎縮効果を避けたからである。このような萎縮効果を回避する意味でも，臨床研究法施行後も論文作成過程でのデータの改ざん等に対しては刑事司法手続主導で是正，解明していくのではなく，学会や研究機関等の団体主導で是正，解明していくことが望まれる，というべきである。

　実際に，ディオバン事件においても，刑事事件に発展する以前に，海外の学会誌や日本の学会，専門誌において医師主導臨床研究におけるデータに通常起こりえない点が複数存在することが報告されていた。しかしながら，有力な学者等が医師主導臨床研究の結果を支持し，学術的な議論が進まなかった。結果的に，日本循環器学会が調査委員会を立ち上げ，その数値の位取りや解析方法に誤りがあることを指摘した第三者機関の調査結果を学会に報告した。本来であれば，日本循環器学会のみならず，日本高血圧学会も主導して，医師主導臨床研究の結果を精査し，その数値の位取りや解析方法，統計学的な手法等を議論し，不可思議な点がないかをチェックし，誤りが見つかれば科学コミュニティの自浄に基づいて即座に是正がなされるべきであった。その意味で，本件は，団体主導の有益性，それと表裏一体となる団体主導の欠如の問題点が如実に表れた事案ともいえよう。

第4　結　語

　以上みてきたように，薬事分野においては，法律の規制のみでは限界がある，司法手続が被害者の望む原因究明になじまないといったケースが多くみられる。そこで，学会，業界等の団体がこ

れらの問題点補完のために，行政と協力しつつ，中立・公平な立場で，専門的知見に基づく研究として調査を行い，適切な時期にその結果を公表し，再発防止・原因究明を実施することが望ましいと考えられる。その再発防止・原因究明の実施は個別具体的な側面もあるため，具体的な実施方法は今後の検討課題となる。

（参考文献）

・鈴木利廣ら『医薬品の安全性と法』エイデル研究所（2015 年）348-349 頁
・武藤春光・弘中惇一郎『薬害エイズ事件の真実』現代人文社（2008 年）
・桑島巌『赤い罠』日本医事新報社（2016 年）
・ジュリスト 1224 号（2002 年）153-155 頁
・季刊ジュリスト 25 号（2018 年春）68-75 頁

第5章

非弁行為禁止に対する刑事上
民事上の機能と弁護士会の規制

第1 非弁活動の時代的変遷

1 非弁活動の昭和型

筆者の遠藤が弁護士になった昭和50年頃は，未だ司法試験合格者は年約500人であり，全国の弁護士数も約1万人にすぎなかった。裁判官や検察官の数も少なく，司法制度も遅れており，人々の紛争解決に有効に機能しているとは言い難かった。弁護士は，着手金を必ずとり，全体的に報酬も今より高額であった。弁護士への敷居は高く，人々は，悩み事，訴え事，取立事などを地域の有力者，政治家，事件屋，ヤクザなどに依頼する傾向が顕著であった。これらは，明らかに非弁活動として，弁護士法72条違反の刑事罰に該当したが，暴力団の暴力的取立でない限り，ほとんど処罰されず，野放し状態であった。筆者遠藤は，前著においてこの状況を非弁活動の昭和型と位置づけた[1]。

---

(1) 遠藤直哉『法動態学講座3 新弁護士業務論』（信山社，2019年）

2　非弁活動の平成型

　平成時代に入り，弁護士は徐々に増加し，約4万人に至る。法制度や裁判制度の整備，行政規制の緩和，政官財の癒着のゆるみなどが始まり，弁護士への依頼も増加し，裁判制度への期待も高まってきた。そこで，政治家，事件家などへの依存は減少したものの，他方で，新たな現象が発生した。

① 　司法書士，税理士，弁理士，行政書士，社会保険労務士は昭和時代より存在していたが，平成30年（2018年）には合計約20万人にまで大幅な増加をし，法的業務への参入も昭和時代より拡大していった。

② 　不動産管理業者，警備業者の増大に伴い，その管理業務に付随する法的業務が増大した。

③ 　サービス業，情報産業，知識集約産業，M&A業務の増大に伴い，これらの中には，法的業務も扱いながら，外部より依頼会社を支援するコンサルタント業務をする者が増大してきた。

3　法治国家のあり方

　非弁活動とは，法による正義の実現ではない。よくいえば利害の調節だが，一般的には，不公正な解決，法によらない不正な結果をもたらすものである。常に付きまとう最も大きな弊害は，非弁護士たる仲介人が，最も大きな利益を得て，依頼人や関係者に被害を与えることである。いわば，人々を食い物にすることであ

る。法治国家とは，法による正義の実現であり，弁護士のみが法を扱えるとの制度である。それ故，司法改革における議論の結果，法科大学院を設立し，弁護士を増員することになったが，隣接士業を含むすべての非弁活動を厳しく制限することが大前提となっていた。筆者遠藤は，法動態学講座1と3において，この課題を論じたが，さらに本稿では，現代の状況を分析し，検証するものである。

第2　非弁行為に対する法的規制

1　規制の3類型

弁護士法72条の非弁行為の禁止規定を運用するための対応としては，以下の類型があるが，いずれも実効的な規制とはなっていない。

① 弁護士会の規制　団体主導型
② 刑事上の規制　刑事主導型
③ 民事上の規制　民事主導型

2　弁護士会の規制

米国では，非弁行為の禁止（UPL 規制）は徹底されてきた。弁護士会が非弁業務差止めの仮処分を行い，直接規制し，自らの職域を独占し，かつ，国民の需要を満たす弁護士の増員もしてきた。そして，補充的に，悪質な非弁行為に対して刑事告発による取り

締まりで，実効性を保ってきた。

　日本では，弁護士会は非弁委員会において調査するものの，警告に留まるケースが多い。警告のみでは，関与した紛争当事者の救済に乏しく，実際に被害が生じている場合には民事主導型で被害回復を目指す必要があるが，後述の通り困難な面が多い。刑事告発に至るのは，弁護士会独自の調査権限の欠如もあり，極めて少ない。そのほかには，非弁提携弁護士に対する懲戒請求による間接的な規制となっている。そこで，弁護士会規制による立法案を末尾に記す。

3　刑事上の規制

　以下判例番号は注1文献の別表によるものである

　債権取立，明渡交渉，債務整理について，弁護士数の少ない時代にあっては，事件屋や暴力団が弁護士に代わり，業務を行い，野放しの状態であった。しかし，悪質な事件を中心に取締りが進み，弁護士増員とともに，次第に刑事制裁の効果は浸透した。つまり，日本の非弁活動の禁止は，ほとんど弁護士法の刑事処罰に依存してきた。但し，多くの非弁活動の中で，捜査開始数，起訴数，有罪数はいずれもわずかであり，十分ではないものの，一罰百戒の効果はあった。

　暴力団などを除く無資格者の非弁行為に対する告発を端緒とする場合，多くは民事介入となってしまうとの言い訳や証拠の収集等の不十分との抗弁により，受理，事件化されることはほとんどない。昭和時代には，無資格者による債権取立判例（A1），交通

事故示談交渉判例（A2.3.4）があるが，社会における非弁行為全体の中では例外的に刑事処分が下された極稀なケースであると言える。

　つまり，刑事主導型では，法的構成及び証拠収集が容易な事件についてのみ刑事上の責任追及がなされる傾向があり，刑事事件化される絶対数が少ない。それ故，社会的な悪性が強い事件，すなわち，被害金額が非常に大きく，違法性が著しく高い場合には，積極的に刑事化すべきである。さらに並行して民事裁判型による救済解決が目指されるケースが多いが，以下のとおり民事上の手段についても，問題がある。

4　民事上の規制

　非弁活動に対しては，民事上の手段で，対価報酬の支払いをめぐって，法律関係の無効確認の返還請求，不当利得返還請求，不法行為に基づく損害賠償請求がなされるケースが平成事件に見られるようになった。しかし，民事上の手段による弁護士法72条違反に対する規制の実効性は，刑事上の規制よりもさらに乏しい。その理由は，以下のとおりである。但し，今後はより強化できる状況もある。

①　非弁業者（無資格者）の資産を押さえるのは困難なこと。しかし，資産のある者が増加した面もある。

②　非弁業者が，業務委託契約，コンサルタント契約などを整えていると，原告は取締法規違反有効説を否定し，違法性の高い法令違反であり，さらに民法90条違反を立証する必要

のある状況が続いたこと。しかし非弁活動に限らず90条違反は拡大した状況もある。

③　隣接士業の資格，不動産仲介業者，不動産管理業者，コンサルタント，集金代行業者などは，完全な無資格者と異なり，法的または社会的には一定の認知をされているため，その権限の逸脱の基準が確定しづらい面がある。しかし，これは弁護士少数時代の非弁活動のゆるやかな規制の立法事実であり，弁護士増員時代には定型的少額請求を除き，無資格者などの非弁行為を一律に厳しく違法無効とできる状況もある。

第3　平成時代の類型

　平成時代には，警備業や不動産管理業の発展により，管理業務型（緊急定型型，管理定型型）が増大し，定型的少額大量請求は非弁行為とはみなされない状況となった。それ故，判例分析は以下の通り整理できる。

1　不動産業者

　不動産仲介業者は，物件の紹介に加えて，契約の交渉，紛争解決に関与することが多いと言える。しかし，業者免許や取引主任者資格を持つ行為を規制することは困難なため野放しとなっている。わずかに，和解契約に関与した仲介業者の報酬請求を棄却した判例がある（F1）。また，不動産管理業者の増大により，家賃不払いの場合に定型的な貸料請求や明渡交渉は非弁行為とされな

い。建物老朽化の明渡交渉は，非弁活動として規制されるべきだ
が，民事判例がわずかにあるに止まる（D2）。民事事件の拡大と
共に，行政と業界団体の規制が望まれる。

2　司法書士（行政書士・社会保険労務士）

　隣接士業の業務は，その権限範囲内では，適法であったが，権
限を越えた場合には，非弁活動として違法とされた。弁護士少数
の時代においては，国民の便宜のために刑事民事共に判例は皆無
に近い。しかし，しだいに行政書士の増員と業務拡大により，刑
事民事の判例が表れた（E4・5・6）。また，司法書士の業務拡大
により，民事刑事判例があり（E2・3・9），その後認定司法書士
の少額訴訟の権限拡大をめぐり，弁護士法72条違反に関する民
事最高裁判決まで出るに至った（E7・8・10）。国民にとって不便
なばかりか，コストや労力の無駄使いであり，隣接士業を廃止す
ることが紛争終了の早道である。

3　地上げ業者

　代表的な事件の一つとして，スルガコーポレーション事件（D1）
がある。これは，建物明渡交渉の巨額の立退料と報酬を巡り，弁
護士法72条に違反するとされた刑事事件である。借家人立退交
渉は，かつては暴力団，地上げ業者が担っていたが，弁護士の訴
訟提起と裁判所の引換給付判決の進展により，一定の予測がたつ
ようになり，弁護士への依頼が増え，地上げ業者への依頼は減少

してきた。しかし，依然として，訴訟では解決まで相当の時間を要するため，訴訟外の強引な交渉に依存することとなる。その象徴的事件として起こされた事件であった。悪質事業に対する刑事主導型の成功とみれるが，氷山の一角にすぎず，立退紛争について，民事訴訟手続強化，特に老朽化鑑定や立退料算定のガイドラインの導入も検討すべきである。

4　警備会社など（少額定額請求案件）【違法駐車取締事件（京都地判平成30年3月8日（LLI／DB判例秘書登載））】

　警備会社（民間企業）による私有地での違法駐車取締は社会的には有用な業務として，テレビでも取り上げられ，問題もなく，紛争も生じていなかった。しかし，2件合計で，わずか約7万の請求で，理由なく逮捕起訴され有罪とされた。この事件は，刑事主導型が，行き過ぎた場合の刑事暴走型と言うべきものである。弁護士が現場に行って請求することもできず他に方法はなかった。民間の自主的努力に任せるべきものであった。これにより，警備会社などによる万引き取締りを含む定額少額請求などは弁護士の分野でなく，非弁活動の規判をする必要がないことが明らかとなった。逮捕起訴により会社は倒産状態となり，ボランティア的刑事弁護は最高裁まで強いられ，刑事司法の資源は無駄に消費された。

5　コンサルタント

　同家の資源を上記４に向けるべきでなく，コンサルタントの規制こそが，法的資源を使うべき最も現代的なテーマである。近年，弁護士資格を有さないコンサルタントによる，二者間の交渉への介入行為や，経営における法的助言行為がみられる。さらに，１人のコンサルタントだけではなく，複数のコンサルタントの介入により紛争が複雑困難となるケースもある。例えば，医師が数カ所のクリニックを経営していたところ，法的判断を要する事項について，コンサルタントＡが介入したことにより，数億円の資産を奪われ，コンサルタントＡと依頼者との間で紛争が生じ，さらに，別のコンサルタントＢが，当該依頼者からの依頼をうけて，当該コンサルタントＡと依頼者との間の紛争について交渉を行い，約500万円の被害を受けた例があった。医師は弁護士数名に相談しても解決せず，破産申請に至る大きな被害を受けた。これこそ現代の非弁活動といえるのであり，刑事罰で禁止しなければならない。しかし，警察は，上記４の捜査をしたが，このような悪質事案を容易に受理しない状況がある。

　コンサルタントによる非弁業務が問題とされた裁判例としては，次の裁判例がある。下記刑事判決は，詐害的な会社分割の指導であり，当時厳格な手続をしないで実行する例も多かった状況があった。上記の事例より悪質に見えないので，被害と違法性は大きいか疑問である。警察，検察，裁判所は，被害の大きい，違法性の高い事案に限定し，迅速果敢に取締をし，判決をし，公表すべきだが，判決を見ても，必ずしもその問題意識も読み取れない

と言える。他方で下記の民事判決は，公序良俗違反の無効を拡大するもので，評価できるものである

　①　【東京高判平成23年10月17日　弁護士法違反被告事件（東京高等裁判所判決時報刑事62巻1～12号103頁）】（F4）

　　弁護士ではない被告人が，報酬を得る目的で，支払に窮している会社経営者らと面談をし，会社の再建方法として会社分割を指南したが，会社分割の登記手続を法務局に申請する作業は司法書士に行わせていた事例である。詐害的分割方法で債権者異議手続を省略していた。債権者が害された事件であった。

　　被告人について，上記指南行為が弁護士法72条に違反するものとして公訴提起された。

　　この事例の第一審判決は，被告人が弁護士でなく，法定の除外事由がないのに，報酬を得る目的で，経営不振から債権者への支払に窮している会社経営者に，会社分割を行って事業や資産を移転する方法による事業再生を勧め，会社分割コンサルティングの名目で，一般の法律事件に関して鑑定その他の法律事務を行うことを企て，会社の代表取締役らに対し，コンサルティング業務委託契約を締結の上，約700万円の報酬で，会社分割についての助言をし，会社分割の登記を行わせた事実を認定し，もって，一般の法律事件に関して鑑定その他の法律事務を取り扱うことを業とした，という弁護士法違反（非弁活動）の事実を認定した。

　　第二審判決は，控訴を棄却した。司法書士が取り扱った法律事務があることをもって，被告人の行為が非弁行為にならないものではないとし，弁護士法72条違反を認めた。

②　【広島地裁平成18年6月1日判決　報酬請求事件（判例時
　報1938号165頁）】（F2）

　弁護士法人ではない原告（株式会社）が，A社株式を保有す
る被告らとの間で，被告らの保有するA社株式の売却委任を目
的とするコンサルタント契約を各締結し，同契約に基づく事務
処理を行ったとして報酬を請求した事件である。

　被告らは，同契約は弁護士法72条に違反し公序良俗違反で
無効となると主張し，同契約が，一般の法律事件に関するもの
であるかが弁護士法72条に関する主な争点となった。これに
対して裁判所は，まず，同契約書の事務処理の範囲について，
株式の売却条件についての交渉において，少数株主権等の法的
措置を講ずることも含まれていたと認定した。その上で，株式
売却の交渉において争いが生じ得ることは見易い道理であり，
売買条件交渉を非専門家が受任すれば当事者が不適正な価格に
よる取引を強いられるおそれが類型的に存在するとし，これら
は実質的にも専門的法律知識と別の事務処理能力の担保された
弁護士に独占させることが国民の利益に適うものとして，同契
約は一般の法律事件に関するものに該当するというべきである
とした。そして，同契約について弁護士法72条に違反し，公
序良俗に反し無効とした。

　弁護士法72条に違反する法律行為が，民法90条違反により
無効であることは，確立した判例となっているとの評価もある
（水戸地判昭和33年10月12日（下民集9巻10号2080頁），福岡高
判昭和35年11月22日（下民集11巻11号2552頁），福岡高判昭和
37年10月17日（民集17巻5号749頁）等）。また，弁護士法72

条違反の契約が公序良俗違反により無効となる理由について，弁護士法 77 条 3 号が刑罰をもって禁圧しようとしていること，弁護士法 72 条が公益的規定であることとされている。

第4　弁護士一元化及び非弁行為に対する救済の提言

1　訴訟外活動の(準)非弁行為

　日本においては，弁護士は訴訟活動を担当し，多数の隣接士業が訴訟外活動を分担している状況である。しかし，訴訟活動と訴訟外活動は連続しているものであり，部分的に非弁護士が事件処理をすることは紛争当事者の利益を害する恐れがある。非弁護士であるコンサルタントが，非弁行為を行う背景としても，このような職域の分担のもと，訴訟外活動を行う隣接士業の業務分野に，コンサルタントが入り込み業務を行い，ひいては訴訟活動へ繋がりうる紛争へ関与していると考えられる。これにより，当事者は，訴訟分野へ繋がりうる紛争について早期に弁護士に相談することができていない実態がある。法曹制度全体を取り巻く世界的な傾向としては，訴訟活動と訴訟外活動の職域を弁護士へ一元化する流れがある(2)。弁護士全体にとっては，隣接士業の法的サービスの提供（準非弁行為）及びコンサルタントにより非弁行為をすべて禁止し，弁護士へ一元化するのが国民の利益となると言えるだろう。

---

(2)　遠藤直哉『法動態学講座 1　新しい法科大学院改革案』（信山社，2018 年）125-129 頁

2　弁護士会主導の立法案

　上記第2の5の2件の裁判例は，多くのコンサルタントの非弁活動の氷山の一角に過ぎない。非弁活動の禁止の立証趣旨は，弁護士の公益的役割の保護と共に，その本質は，国民たる依頼者の被害を防止することにある。国民は，コンサルタントにより非弁行為により被害を受けた場合，行政，警察，弁護士に相談したり，訴訟手段により救済を求めたりするしかない。これは，コンサルタントによる消費者被害ともいえるものである。コンサルタントのみ利益を得て，その依頼者が損失をうけるならば，非弁行為と詐欺が競合するといえる。

　繰り返されている出資法違反事件をはじめ，株式や金融商品などをめぐる消費者被害事件において，加害者は，提案者，計画者，遂行者または被害者救済するとする欺罔者などとして登場する。これらについても，広くコンサルタントによる非弁行為と総称すれば，被害者への救済は強く要請されてきた。消費者事件においては，個人の力だけでは，被害回復に十分でないため，アメリカやドイツ等の諸外国の制度を参考に特定適格消費者団体に訴訟提起の権利を認めることとなった（消費者裁判手続特例法2条10号（平成25年12月11日公布・平成28年10月1日施行））[3]。

　非弁行為についても，これを参考とし，さらに，米国における非弁行為に対する差止制度を採用するならば，立法案として弁護士会に強制的調査権を与え，非弁活動の差止請求をし，あわせて

---

(3)　伊藤眞『消費者裁判手続特例法』（商事法務，2016年）9-13頁

被害者の代理人として損害賠償請求をしうる制度を考案できれば，被害者への救済を厚くした弁護士会主導型が成立する。

第5　結　　語

　非弁活動の禁止は，法治国家の最も重要な弁護士制度を維持するための要である。しかし，弁護士自治の独立性があるためか行政的介入は一切なく，民事刑事の規制も弱い。準非弁活動といえる隣接士業規制も緩やかである。弁護士の役割向上と増員はこの非弁，準非弁の削減なくしてなしえないことを確認すべきである。

第6章

団体運営の行政・民事・刑事の機能と弁護士の役割

第1 団体の法的機能

1 団体とソフトロー

　団体法の分野では，1900年代には，護送船団方式といわれた政官財のトライアングルの中で，業界団体を主とする社団や財団の規制は，行政主導型として進展してきた。旧民法の社団と財団は，公益法人であり，監督官庁の規制により，運営されていた。役員の横領，背任などは，刑事処罰により，規制されてきた。財産を私消した役員に対しては，個人財産の不存在により民事損害賠償訴訟も実効性はなかった。21世紀に入り，多様な団体が成立し，その運用が社会の重要な機能を占めるようになった。団体の連合体や行政は法令を支えるガイドラインなどを策定し，重要な役割を果たすようになってきた。高齢化社会に向けて社会福祉法人の拡大政策のなかで，岡光事件が発生し，刑事主導型として解決された。その後，多くの団体において，役員や構成員の解任や除名を巡り，訴訟が増加した。団体のガバナンスが問われるこ

ととなった。改正民法後の一般社団・財団法人法，公益認定法，その他の特別法人法に関する法令や行政通達をめぐり，事件が多数係属し判決がなされてきた。

　その状況のなかで，各種法人すべてを含めて統一的に説明する体系書は存在しないために，判決やその解説でも説明不足となってきた面がある。行政庁の解釈や標準書式においても，個別的な法人類型毎に対応してきた。民事訴訟における役員や構成員の解任ないし除名に関する解釈や運用は，紛争対象の法人類型を前提としたものに止まっていた。民法や商法も含めた統一的理解・説明がされていなかった。

　その状況を反映して，まさに，令和2年，東京地裁8部（商事部）において，社会福祉法人の評議員の解任について，正当な理由のない場合でも民法の委任の随時解任原則（民法651条1項）を準用して，それのみで解任無効を棄却する判決をした。判決では明確には触れられていないが，①株式会社の取締役解任と同じ規制（会社法339条1項）で解任できるとする大きな誤解も含むとみられる。②社会福祉法人における厚労省モデル定款に基づく定款が問題となるが，一般的にモデル自体の批判的検討はされておらず，裁判官の理解不足があったと思われる。

　しかし，結論としては，以下のとおり検討し，法令・判例などを整理すれば，「役員や構成員は正当な理由がない限り，解任や除名をできない」ものと一貫して解釈されている。上記判例は過去の判例の，ほぼ統一した傾向を逸脱するものである。

　社会における団体の役割を充分に認識しながら，法の運用をするならば，そのような異例な結論とはならないといえる。

2　団体のガバナンス

　現在の社会では会社も含めて多数の団体が，重要な役割を果たしている。しかし，そのガバナンスは，不祥事が報道されるたびに，機能不全に陥っていることが問題とされてきた。以下の点が課題となっている。

① 　組織を運営する役員や構成員の課題　役員や構成員の選任や解任が問題となる

② 　組織，定款　組織を民主的に運営するための基本である定款や規則の作成が問題となる

③ 　法的規律　不祥事が判明したときに，どのように説明をし，調査委員会を作り，自主的に解決できるかが問題となる。訴訟に至ったときでも，事案の解明と共に和解をするか判決を受けるかは問題となる。

第2　団体の構成員の除名と役員の解任の法的規律

1　評議員の随時解任の制限

　社会福祉法人の評議員は，正当な事由を要せず随時解任できるとの委任の規定（民法651条）を準用されるとの判決が出された（東京地裁民事8部　令和2年3月24日判決　平成30年(ワ)第39377号・東京高等裁判所第23民事部　令和2年12月23日判決　令和2年(ネ)第2023号）。最高裁に上告中である。社会福祉法人法は，一般社団財団法人法の財団と同じ条文の構成となっており，その影響は大

きいために，以下の通り批判するものである。本件は団体のガバナンスを巡る典型的かつ本質的な事案である。すなわち，評議員8名のうち4名が，某理事の解任審議を始める準備をしたところ，理事会がその評議員1名の解任提案を評議員選任解任委員会（3名の内1名外部委員）に出し，否決されたところ，その直後に，理事長が関与し，やり直しさせ，可決された事案である。さらに，1年後に，2人目の評議員を解任し，新評議員選任を提案したものである。すなわち，評議員による理事解任審議開始を妨害する評議員解任提案であり，法制度が乱用されたにも関わらず，裁判所がこれを是正できなかった事案である。

2　除名・解任の典型型たる正当事由型（民法と会社法の随時解任型の制限）

　一般的に，法令で規定されている地位の剥奪は，正当事由が要求されている。これが典型型である。労働者や公務員の解雇，裁判官や弁護士の資格剥奪，民法の組合員や社団の社員の除名，財団の役員（理事，監事）の解任，各種特別法規定の除名・解任などである。正当事由とは，主として，業務懈怠と心身故障を指し，その範囲は，若干異なる。これに対して，正当事由を要しないのは，例外型（随時解任型）であり，民法651条や会社取締役規定であるが，現在ではこれを限定解釈したり，廃止するべきである。また，典型型と例外型の中間には，いずれの明記のない無規定型があり，財団の評議員の解任がこれに当たる。

3　組合・社団・財団・会社の共通原則

　団体の歴史において，民法上の組合から非営利法人の社団，財団，その混合型に発展し，営利法人の会社が拡大し，さらに特別法の団体も認められ，そのほとんどに法人格が与えられた。その構成員の除名と役員（理事・監事）の解任の法的規律については，団体の種類や法人格の有無を問わず，すべて統一して，正当事由型と解釈すべきであり，さらに立法により明確化する方が法的安定性を得られる。現行の実定法には，合理的理由もなく例外型と無規定型が混在し，統一が取れておらず，整合性にかけていると言わざるを得ない。

4　委任規定（民法650条まで）の準用（651条の排除）

　民法の組合において，組合員の除名・解任・脱退は，正当事由型とされている。組合の民法671条は，委任の650条までを準用し，民法651条の随時解任規定を，準用せず排除している。それ故，会社法と一般社団法人法が，委任の規定に従うとしているのは，同じく民法650条までを準用すると解するのが整合的である。このように，会社と社団では651条を準用していないために，取締役と役員（一般社団法人法70条）の解任について，特に随時解任規定を捜入したとみることができる。

5　一般財団法人法の財団の正当事由型

　財団でも，委任を準用すると規定されているが，社団と異なり，役員の解任については正当事由型の明文（一般財団法人法 176 条）があり，民法 651 条を排除している。評議員の解任事由には，明文の規定はないので，当然に，民法 651 条の準用はなく，正当事由型となるのは明らかである。また，役員と評議員の間で，解任事由に差をつける必要がないばかりか，評議員の方がより強い正当事由を要するので，651 条の適用余地はないこととなる。逆に，財団の役員も正当事由型と規定されたことにより，社団も非営利法人という本質的な面で同じであり，社団の役員の解任も正当事由型としてよいこととなる。

6　民法 651 条随時解約規定の制限

　651 条は委任者の解任権と受任者の辞任権を規定している。無償委任を前提とした規定であり，有償委任の場合には，任意規定として，契約で解任と辞任に正当事由を要すと明記すれば，その拘束を認めることが合理的である。651 条は制限解釈しつつ，将来改正するのが，法秩序の円滑化に資する。

7　取締役の随時解任規定の制限

　会社の所有者たる株主の絶対的権利から，取締役の随時解任規定を理由づけてきた。しかし，個人会社であれば，株主と社長は

一体であり，この規定は不要である。閉鎖会社の支配株主型でも，公開会社の株式分散型でも，まじめな雇われ役員を解任するには正当事由型が妥当する。つまり今や会社のステークホルダーは，少数株主，役員，従業員，取引先，金融機関も含まれると言われており，任期中の随時解任を制限し，正当事由型とすべき時代である。任意規定であり，定款で正当事由型とできるので，これを奨励することができる。他方で，民法651条も含めて，損害賠償請求権を認めて調整する方法が条文化されているが，解任される側の不利益が著しく大きいので，有効な方法とは言えない。

8　団体構成員としての評議員

　一般財団法人法は，委任の規定を準用している。民法650条までの準用だが，仮に民法651条の構造からみても，評議員は役員を選任し解任する委任者の立場にあり，役員は受任者として辞任できるが，評議員を解任する立場にはない。評議員は，評議員会または選任解任委員会で，選任・除名・解任されるものである。換言すれば，評議員は，一般財団法人法で役員と規定されておらず，むしろ組合や社団の構成員と同じ立場と見なされている。組合や社団の構成員の除名には正当事由を要する制度となっており，財団でも同様な扱いをしなければ整合性に欠けることになる。本来は評議員会での除名と構成すべきところ，解任の訴えの中で役員とみなして，解任の対象としたことが誤りの原因となっており，これを削除すべきである。評議員の除名（解任）が正当事由型であることは明らかである。

9　モデル定款と判決（ソフトロー）

　除名・解任の事由の在否の規定のない評議員などについては，モデル定款で正当事由を補充できるし，また判決によっても，法の欠缺を埋められるのである。立法による解決を待つまでの間，多くの団体のモデル定款やガイドラインなどのソフトローにより漸次改善しつつ，運用することが可能である。判決は公的効力があるので，一般にはソフトローとは言わないが，個別性，多様性，柔軟性の面では法令と異なり，ソフトローとして扱うべきである。

10　団体・会社の三類型

　団体の構成員の除名と役員の解任を論じるには，以下の団体と会社の類型を検討しつつ，考察を加えなければならない。しかしながら，現在まで，団体と会社の不祥事が絶えることなく，ガバナンスが機能していないとの深刻な事態が生じているので，常に基本に立ち返り検討を繰り返さなければならない。まず，基本的には，常識と教養に基づく人の支配が重要であることを確認しなければならない。その上で，人の恣意的な行為を制御するために，法制度（法の支配）の支援を必要とするものである。下記の類型が法制度として発展しているにも関わらず，使いこなせていないことも十分考慮しつつ，法を運用しなければならない。結論としては，下記の類型を絶対視することなく，その長所と短所を理解しながら，かつ多様性を活用して，制度の改善をする共に，運用においても，常に団体の目的を逸脱しないように，解釈しなけれ

ばならない。

(1)　一 元 型

　民法上の組合を基本形として，構成員と業務執行者が一体化し
てるものである。弁護士法人などの専門職法人，1人医療法人，
匿名組合などがこれに該当する。組合では正当事由型が該当し，
その他についてはそもそも除名や解任自体が起こらない。

(2)　二 元 型

一般の団体や会社であり，構成員と役員が存在する。

ⓐ　**一体型**：形式上は，構成員と役員があるが，相互に強い関
　係を持ち，法人と利害関係を持ち内部一体型である。社団で
　は，役員は構成員の中から選ばれる。取締役は株主の中から
　選任される制度もあった。現在でも，個人会社や，支配株主
　のいる会社がこれに該当する。一般社団財団法人法以前の財
　団では，評議員会と理事会が相互に選任解任をするもの，評
　議員と理事を兼ねるものなどがあったが，それは理事主導型
　であり，評議員は，構成員の面があるものの，社団の社員と
　比べて利害関係は弱く，外部者の面がある。役員の解任が，
　ほとんど想定されない類型であるが，正当事由型を排除する
　理由はない。

ⓑ　**委任型**：委任者である選任権者の構成員が，構成員を条件
　としない受任者である役員を選任し解任するものである。委
　任の原則として，役員が構成員を選任したり解任することは
　ない。団体や会社の一般的形態である。公開会社や大会社で，

119

所有と経営の分離から，支配株主がいない場合が多くなり，取締役主導型となる。取締役解任の決議自体が困難となる。財団型でも，評議員は，理事を選任解任し，理事は評議員を選任解任できないこととなる。この類型では，構成員の除名や役員の解任には，正当事由を要求される強い理由がある。

(3)　三　元　型

上記②ⓑのガバナンスを強化するため，団体や会社の内部以外のものの関与を認めるものである。

ⓐ　外部関与型：会社の社外取締役や各種委員会の外部委員であるが，中立独立の立場を強化させるため，解任については正当事由型となることは明白である。同じように，評議員会に外部委員を入れることが考えられるが，そもそも全員が外部委員の面が強く，利害関係を持たない。この点から，評議員会での評議員の解任（除名）については，正当事由型となる強い理由がある。それゆえ，評議員の外部性，利害関係の希薄性の面から，評議員会で評議員を選任し，除名・解任する一般社団財団法人法の従来の制度は適正と言える。しかし，その後提示されているモデル定款は，評議員の選任解任委員会を採用した。そこでは，理事会が同委員を選任解任し，同委員会に評議員の選任解任提案もするとし，さらに同委員に職員や監事などの内部の者をあてるという後退した制度となっている。外部委員の選任も含めているが，複数を条件としていないために，上記判決の事案では，外部委員1名の定款規定としたため，理事会の関与を排除できなかったもので

ある。結論として，広く外部の関与に期待するためには，取締役や役員を監督する立場で中立独立の監事，社外取締役，評議員等の解任について正当事由を要求することは当然のこととなる。

ⓑ 行政監督型：国立大学法人や医療法人など公益性の強い団体では，行政が代表者の解任に関与するもの，行政が貸金業者と反社勢力を切り離すため代表者の解任に関与するものがある。解任の正当事由を明記している。

（上記第2の詳細については，「会社・社団・財団のガバナンス法理」【信山社】として本年7月末までには出版する予定である。）

第3 宗教法人法の運用

1 宗教法人法下における宗教法人のガバナンスの欠如

宗教法人法においては，憲法上の信教の自由を尊重することから，宗教上の事項については介入しないことを原則とし，宗教法人により世俗上・財産上の事項について規定することとした。

宗教法人法では，多様な宗教団体を規律する法令であること，また宗教に対する介入を抑制する見地から，意思決定機関たる責任役員と業務執行機関たる代表役員の地位のみを定めている。社団の構成員（社員）に当たる檀徒，信徒ばかりか，その内から選ばれる者で，役員選任権者（代議員）に当たる総代については，寺院規則に委ね，何らの規定を置いていない。総代は江戸時代以前からの慣習上認められる宗教団体の意思決定機関とも言え，旧

宗教法人令までの戦前の法令では，総代を法定の機関としていた。しかし，昭和27年新法で，責任役員会を宗教法人の意思決定機関とした。

仏教の多くの寺院の規則では，檀徒が総代を選定し，総代会が責任役員を選定している。そして，寺院のガバナンスを維持するため，宗務行政を所管する文化庁のガイドラインで，責任役員の過半数を代表役員の親族で占めないことを指導し，ほとんどの宗派はこれに従っている。しかし，東本願寺大谷派では，これを遵守せず，親族で責任役員の過半数を占めることが常態化している。

行政規制は，寺院設立時の規則認証や変更認証，墓地埋葬法に基づく墓地開設許可などにおいて最も重要な機能を果たしているが，その他の監査権限の行使は，信教の自由の下に極めて緩やかである。それ故，宗教法人法，墓埋法，背任横領罪などを巡る刑事規律はほぼ機能していない。

宗教法人をめぐる紛争は増加しているにも関わらず，法人としてのガバナンスの健全化を維持するに至っていない。

前記平成16年最高裁判例でも，学校法人と共に，宗教法人について，部分社会の法理をもって内部規律における裁量的判断を認めているものと解される。

しかし，判例上問題となってきた，学校における学生の身分とは異なり，宗教法人には，墓地・宗教的財産などを維持する財団的性格と共に，多くの檀徒や信徒を抱える社団的性格をもつ。そして，宗教法人には，信教の自由を実効あらしめるため，固定資産税の免除や，宗教収入の非課税などの優遇措置がとられている。

宗教法人が課税の優遇を得ることを正当化するのであるならば，

世俗上・財産上の事項に関わり，宗教法人のガバナンスへの法規制が必要である。

それにも関わらず，宗教法人のガバナンスに関する法規制は，長期間にわたり放置され，法機能不全型として継続した。多数の被害や紛争が潜在化し蔓延していた中で，突然のようにオウム真理教の事件が勃発した。まさに，法機能不全型の中で，最終的に刑事主導型で終息するという最悪の経過を辿った。

オウム真理教事件を受けて，宗教法人法の改正（平成7年改正）が行われているが，その後，公益法人改革などを経た現在でも，宗教法人のガバナンスは依然として放置されている。

2　法機能不全型の典型的事例

このような法機能不全型を示す典型として，東本願寺大谷派の末寺事件で，宗教法人法の解釈を誤った多数の判決が出された例がある。

10件20件もの判決等がこのような事態を引き起こし，是正も出来ないことからも，普遍的一般的な問題と言える。以下のとおり，分かりやすく解説するが，資料としては最高裁で一部認容された判決の上告受理申立理由書が公表されている（判例時報2462号6頁，最高裁令和2年4月7日三小判決平成31年（受）606号不法行為による損害賠償請求事件一部破棄自判）。

(1)　規則認証制度
まず，前提問題として，宗教法人法上の規則認証制度がある。

　宗教法人法において，宗教法人の組織運営・ガバナンスを定めるのは，宗教法人規則とされており，これは会社における定款・財団における寄付行為に比肩される。

　もともと，旧宗教法人令（ポツダム勅令）下においては，戦前の宗教弾圧の歴史・教訓をふまえ，宗教法人の設立は，届出により極めて簡易に実現することができるものとされた。

　しかし，届出制により，宗教法人が濫立し，宗教法人格の濫用が社会問題化していた。

　そのため，新憲法下で成立した現行宗教法人法では，信教の自由に配慮しつつ，届出制の弊害を除去するため，設立時の宗教法人規則の制定及びその後の規則の変更については，行政所轄庁の認証手続きを経なければ法的に有効とされないこととされたのである。

　つまり，宗教法人規則の法的な有効性を認証にかからしめることによって，法人格の濫用の危険と，信教の自由の保障とのバランスを取ったのである。

⑵　裁判所の法令解釈の誤り

　末寺事件では，宗教法人（真宗大谷派末寺）Ａにおいて，墓地の経営を専断するため，Ａの宗教法人規則のうち，意思決定機関たる責任役員を選定する条項（Ａ規則９条）について，規則の内容が偽られた。

　すなわち，Ａ代表役員（住職）らは，平成23年秋以降，墓地の経営を専断するため，住職らに有利となる未認証のＡ規則９条を，「認証された規則」であると偽った。

　これにより，裁判所は，多数の判決ないし決定において，未認証の規則が「認証された規則」であると事実誤認をした。

　その後，裁判上で，偽った規則が未認証であることが判明するや，A代表役員らは，今度は「認証されていなくても，Aにおいて長年運用されてきたので，規則として有効である」と，主張を切り替えた。

　しかし，A代表役員らは，所轄庁において行う宗教法人法上の規則変更手続きで，正規に認証された規則を有効として援用していた一方，裁判所においては，未認証の規則を援用して多数の判決ないし決定を騙し取っていた。つまり，A代表役員らは，規則の運用の事実すら偽っていた。

　さらに，A代表役員は，認証されていない規則により，代表役員に選定されていた。

　すなわち，僧侶が宗教法人規則の内容を偽ることにより，A代表役員の地位を僭称し，宗教法人Aの責任役員を選定する規則を偽って，Aの意思決定機関（責任役員）を違法に支配して，墓地の経営を専断し，墓地収益を何らの監督も受けない形で費消することとなった。

　裁判所は，これに対して，A代表役員らを断罪するどころか，逆にA代表役員の選定を有効と判決し，A代表役員らの裁判所及び所轄庁での矛盾挙動を事実認定もせずに無視し続け，A代表役員の違法性を追及していた副住職や門徒らを敗訴させ続けたのである。

　平成30年になって，関連事件である行政訴訟において，ようやく認証された規則を有効とする，宗教法人法の解釈として当然

の判決がなされ，多数の判決間で明白な矛盾判断が生じる事態となっている。

　しかし，裁判所は，この矛盾状態を解消することもなく，放置し続けている。

　その結果，A代表役員らの違法行為が何らの抑止もできないままとなっている。

(3)　裁判所が誤判を是正できないこと

　なぜこのようなことが起こったのか。

　規則認証制度においては，所轄庁の認証を得ている規則のみが有効である。

　そのため，有効な宗教法人規則を特定するためには，所轄庁の認証手続きを経ているかを確認すれば足り，認証を得ている証拠を確認することが必要である。

　しかし，A代表役員は，平成23年秋に未認証規則を「認証された規則」と偽り始めた当初，所轄庁の認証手続きとは何らの関係もない，A代表役員名義で「規則原本と相違ない」とA代表役員が証明したと記載されているだけの「規則原本抄本」なる証拠のみを提出していた。

　裁判所は，これを何らの疑問もなく鵜呑みにして，認証を得ている証拠を確認することもないまま，実際には未認証であった規則を，「認証された規則」と判断してしまったのである。

　ここにおいて，裁判所が，宗教法人法を理解せず，規則認証制度に即した判断枠組みも検討せず，単純な一方当事者名義の証拠のみで，規則の有効性を判断するという法令解釈の誤りを犯した。

これでは，一方当事者の陳述書のみをもって事実認定して判決するというに等しく，およそ裁判としての判断の適格性を欠くものと言わなければならない。

そのうえ，裁判所が，A代表役員らが主張した規則が未認証であった事実を確認したその後も，一度有効とした判断を維持することに終始し，同様の誤判を繰り返し，誤判を是正できないまま推移した。

平成30年に，認証された規則が有効であるとの行政訴訟判決がなされた後ですら，未認証の規則が有効であると言い張る判決が続出する有様なのである。

3　立法権・行政権の優位

日本では戦後，司法権の優位が唱えられた（高柳賢三）。他方で，現在まで，行政権の優位，司法の行政への従属，すなわち行政官が実質的には三権を簒奪するもので，行政分野は法治国家とはいえず，治外法権化しており，「放置国家」とされているとの強い批判もある（阿部泰隆）。このような批判があるものの，憲法的価値を実現する法制度，近代法の原則たる法治主義，社会秩序の維持等を保つための，基本的枠組などを作るものとしての立法権や行政権の優位は尊重され，肯定されるべきである。

4　副住職居住の許可条件

上記２. の末寺事件では，墓地開設許可条件には，近隣との調

整のために，副住職が墓地内の寺院に居住することが付されていた。墓地埋葬法に基づく行政処分に含まれる極めて重要なかつ絶対的な条件と言える。

　しかし，多くの裁判所が，この許可条件を無視し，Ａ代表役員らが仕掛けた副住職への明渡請求を認めてしまい，裁判所が積極的に墓地開設許可条件を無に帰すという違法を促進した。すなわち，裁判所が法令に違反した判決をしたことになり，違法行為を犯したこととなる。

5　寺院規則の認証制度の破壊行為

　上記２．の末寺事件では，東本願寺大谷派と末寺Ａは，昭和28年成立の認証された寺院規則を否定し，偽造した規則を認証規則としたり，運用により認証規則を否定する事ができると主張し，多くの裁判所がこれを認めた。裁判所の認定は，宗教法人法の認証制度そのものを否定し，破壊するものと言え，違法行為そのものとも評価される。

　これらの多くの判決は，代表役員の選定には責任役員の意思決定が必要であることを大前提としてきた。

　しかし，平成30年の行政事件の地裁と高裁の判決では，認証規則のみが有効とされた。そこで，約20件以上の先行判決はすべて崩壊した。

　これを受けて，その後の判決は争点を変えて，どの規則であれ，規則にとらわれずに，責任役員の関与なしに代表役員を選定できるとした。

　当然のことながら，宗教法人法，寺院規則と真宗大谷派規則は，責任役員会の決定に基づく運営を求めている。しかし，責任役員の関与に関わりなく，代表役員の選定を可能であるとする判決は明白な違法となる。

　結論として，その判決は多くの先行判決よりさらに，宗教法人法や認証制度そのものを否定し，破壊するものとなった。

6　宗教団体の近代法の否定

　近代法は，道徳と法を峻別し，道徳や宗教を法から切り離した。そして宗教の自由を保障した。しかし，宗教団体の宗教の自由は，近代法たる国家法の枠内で認められるものである。宗教法人法の規則認証制度，あるいは行政上の墓地開設許可条件は，厳に国家法として，行政権の行使として，遵守されなければならないものである。裁判所がなぜこれほど重要な法令を遵守しなかったのだろうか。宗教の自由の名の下に，宗教団体は自己の利益を主張する傾向にある。裁判所はこれを認めてしまったものである。本件では，警察，行政庁，裁判所がいずれも上記宗教団体の違法な行為を追随してしまっている。このような態度は，まさにオウム真理教の違法行為を拡大させてしまったことに通じるものである。

　そして，墓地収益の収奪という違法行為が，宗教法人における世俗的・財産的事項として近代法の法規制を受けなければならないにもかかわらず，裁判所が近代法を解さない誤判を繰り返し，一度行った誤判の是正もできないまま，宗教法人が法の枠外の存在となり，治外法権化してしまっているのである。

第4　弁護士の役割

1　法解釈における弁護士の役割

　一般に，裁判において「法解釈は裁判官の専権」とされている。

　しかし，特別法人法における上記事例からは，一般の民事事件に比べて，文献も少なく，研究もされていない分野であり，当然のごとく，裁判官の認識は極めて貧弱と言わざるを得ない。

　特別法人法の事件は増えており，手薄な所を自ら研究しながら進めざるを得なくなっている。

　弁護士は，いわば，「未開の地」を開拓する状況になってしまう。

　むしろ，弁護士が法解釈を基礎づける法解釈の「立証」，そしてその法解釈を必要とする事実の「立証」を積極的に果たす役割がある。

　裁判所も適正に判断することができないことは，当たり前であり，広く情報を公開して検討する必要があり，それもまた弁護士の役割である。

2　団体役員と構成員との協議

　団体紛争においては，弁護士が，団体及び役員，あるいは構成員の代理人となった場合も，ガバナンスの維持のために，すべての関係者の立場を尊重しなければならない。

　それゆえ，依頼者だけではなく，多くの関係者と面接し，協議をするなどの多様な活動が要求される。

　適正な団体主導型を発展させるためには，民事訴訟の機能を十分に活かしつつ，話し合いや和解，適切な判決などを使用しながら，弁護士の役割を果たさなければならない。

　ボランティアの役員や構成員の場合には，無償で団体に貢献しているにもかかわらず，紛争に巻き込まれ，弁護士費用を負担するなどということはできないので，放置する場合には団体のガバナンスが維持できない。

　対策としては，法テラスの利用促進，訴訟費用を拠出する基金の設立が考えられる。アメリカで発展途上の訴訟投資の考え方を応用していくなどの方法は，課題が多く，容易ではない。

3　団体の相手方代理人として

　筆者遠藤が現に代理人として扱った訴訟を材料に，普遍的課題として提示する。

⑴　日本産科婦人科学会は，生殖医療を実施した根津医師と大谷医師を除名した。筆者は両名の代理人として除名無効確認訴訟を提起した。また患者の権利侵害を理由に損害賠償請求を提訴した。医師二名については，いずれも無効を確認することはできず，和解や敗訴の後に会員に復帰するに至っている。実質上の勝訴とみることも可能である。除名理由の非配偶者間体外受精，着床前診断は，その後社会的には認知され，実施されてきた。結局，判決において，日本産婦人科学会が早期に敗訴することが，学会にとっても，会員や患者にとっても，全てのひとにとっても利益であった。すなわち，原告

　　代理人の役割は，全体のための利益に貢献していることにな
　る。その際，元理事長飯塚理八医師，評議員柳田洋一郎医師
　等が，裁判支援をされた中で，その他多くの会員に，原告の
　正当性を訴えることになった。原告代理人の立場だけではな
　く，その他の会員の立場をも代弁することになったのである。

⑵　旭川医科大学に対し，医学部学生が薬物撤去作業中に爆発
　事故で人身損傷をうけ，筆者が代理人として損害賠償請求を
　提訴した。令和2年12月に，学長の暴言やパワハラ行為に
　ついて，週刊文春が大きく取り上げ，その後，新聞報道も継
　続された。そのような状況で，過去の多くの報道もあり，そ
　れを元に請願運動を開始した。筆者は，原告ばかりか，その
　他の市民の立場も含めて，事実の正確性を確認し，適切な表
　現をするために，その請願運動に弁護士としての助言をする
　こととなった。

⑶　社会福祉法人に対して，福祉目的に使うことに限定して贈
　与又は信託した財産の返還請求訴訟の原告代理人としての業
　務において，評議員や理事に対し，説明をしたり，理解を求
　めるときに，評議員や理事の代弁をする状況に至ることもあ
　る。

⑷　宗教法人に対して，代表者の兄弟が，過去の約束文書に基
　づき，墓地の移転請求を求める訴訟の原告代理人をしつつ，
　責任役員や総代，門徒との協議において，その手続を助言す
　るなどの立場になることも必然的といえる。

⑸　株式会社の雇われ社長と従業員の利益を守るために，会社
　の支配株主の脱税や横領を告発する会社の代理人としての業

務をしつつ，実質上の依頼者である役員や従業員が新会社を作る場合にその代理人としてまた業務を行うことになった例があった。弁護士として，利害相反に注意をしつつ，業務を遂行することは可能である。

あ と が き

　本書のもととなる 2020 年日本法社会学会学術大会ミニシンポジウムの報告は，弁護士法人フェアネス法律事務所の下記メンバーにより，作成され，実施されました。法学教育の教材でもあるため，弁護士経験の長くない者に，第 1 章の遠藤の総論的方法論を理解させた上で，原稿を書いてもらい，それをもとに議論し，修正や補充をする形で完成をしました。私としては，正直，司法試験などで条文解釈に凝り固まっている若手弁護士に広く柔軟な思考ができるのか，大変不安でしたが，忍耐強く議論を重ね，完成に至りました。深く謝意を表すると同時に，今後も実務と研究に邁進いただくよう祈念するものです。

第 2 章　相川雅和弁護士
　　東京大学法科大学院にて太田勝造教授の法社会学のゼミで薫陶を受け，東芝とオリンパスの会計監査人（監査法人）に対する代表訴訟を担当し，会社法と金融商品取引法の専門家に成長しています。

第 3 章　小嶋高志弁護士（医師）
　　名古屋大学医学部を卒業し，名古屋第二日赤病院にて，麻酔科救急科専門医として，約 10 年勤務し，東京大学法科大学院を卒業しました。当事務所では，病院側と患者側の双方の医療過誤事件を多数扱い，医療ガイドラインの分析や評価に精通し，医療の専門弁護士として成長しております。

あとがき

第4章　中村智広弁護士（薬学修士）

　京都大学薬学部にてバイオ研究の薬学修士と薬剤師資格を得て，神戸大学法科大学院を卒業し，製薬会社社内弁護士を経て，当事務所の医療薬事関係訴訟を担当しながら，日本医療研究開発機構の調査役も兼ねる異色の弁護士として成長しています。

第5章　岩渕史恵弁護士

　東京大学法科大学院にて太田勝造教授の法社会学のゼミにて薫陶を受け，遠藤の「法動態学講座3：新弁護士業務論」の非弁活動の判例調査を担当し，さらに，依頼者医師が，非弁護士のコンサルから被害を受けた大事件を担当した経験を踏まえて，報告してもらいました。ドイツ留学を予定しており，日独の比較研究をされるよう大いに期待しています。

第6章　渡邉潤也弁護士

　東京大学薬学部を卒業し，慶應義塾大学法科大学院を卒業し，当事務所では，東芝とオリンパスの会計監査人（監査法人）に対する代表訴訟を担当し，数件の団体関係訴訟を担当し，今や，株式会社から社会福祉法人，宗教法人までの専門家となっています。研究者の論文や文献の調査については，徹底して行う姿勢があり，実務と研究を統合できる弁護士として成長しています。

〈編者紹介〉

遠藤直哉（えんどう・なおや）

1945年生，弁護士法人フェアネス法律事務所代表弁護士，日本法社会学会・日本私法学会・日本民事訴訟法学会の会員，麻布高校卒，東京大学法学部卒，ワシントン大学ロースクール（LLM），中央大学（法学博士），第二東京弁護士会平成8年度副会長，桐蔭横浜大学法科大学院教授歴任

（主要著書）

『ロースクール教育論』信山社（2000年），『取締役分割責任論』信山社（2002年），『危機にある生殖医療への提言』近代文芸社（2004年），『はじまった着床前診断』はる書房（2005年），『ソフトローによる医療改革』幻冬舎MC（2012年），「ソフトローによる社会改革」幻冬舎MC（2012年），『新しい法社会をつくるのはあなたです』アートデイズ（2012年），『ソフトロー・デモクラシーによる法改革』アートデイズ（2014年），『法動態学講座1　新しい法科大学院改革案』信山社（2018年），『法動態学講座2　新弁護士懲戒論』信山社（2018年），『法動態学講座3　新弁護士業務論』信山社（2019年），『法動態学講座4　医療と法の新理論』信山社（2019年）

法動態学講座　5

刑事・民事・行政・団体の法規制モデル

法システム解明のミクロ法社会学
——法学教育・社会人教育の新教材——

2021（令和3）年5月25日　第1版第1刷発行
8145-01011:P160　¥1600E-012-020-002

編著者　遠藤直哉
発行者　今井貴・稲葉文子
発行所　株式会社　信山社

〒113-0033 東京都文京区本郷 6-2-9-102
Tel 03-3818-1019　Fax 03-3818-0344
笠間才木支店 〒309-1611 茨城県笠間市笠間 515-3
Tel 0296-71-9081　Fax 0296-71-9082
笠間来栖支店 〒309-1625 茨城県笠間市来栖 2345-1
Tel 0296-71-0215　Fax 0296-72-5410
出版契約 2021-8145-3-01011　Printed in Japan

法律学の森シリーズ

変化の激しい時代に向けた独創的体系書

潮見佳男	新債権総論 I
潮見佳男	新債権総論 II
小野秀誠	債権総論
潮見佳男	新契約各論 I 2021最新刊
潮見佳男	新契約各論 II 2021最新刊
潮見佳男	不法行為法 I〔第 2 版〕
潮見佳男	不法行為法 II〔第 2 版〕
藤原正則	不当利得法
大村敦志	フランス民法
高 翔龍	韓国法〔第 3 版〕
豊永晋輔	原子力損害賠償法

信山社

◆ 信山社ブックレット ◆

女性の参画が政治を変える ― 候補者均等法の活かし方
　辻村みよ子・三浦まり・糠塚康江 編著

＜災害と法＞ ど～する防災【土砂災害編】
　村中　洋介 著

＜災害と法＞ ど～する防災【風害編】
　村中　洋介 著

＜災害と法＞ ど～する防災【地震・津波編】
　村中　洋介 著

＜災害と法＞ ど～する防災【水害編】
　村中　洋介 著

たばこは悪者か？ ― ど～する？ 受動喫煙対策
　村中　洋介 著

ど～する海洋プラスチック（改訂増補第2版）
　西尾　哲茂 著

求められる改正民法の教え方
　加賀山　茂 著

求められる法教育とは何か
　加賀山　茂 著

核軍縮は可能か
　黒澤　満 著

検証可能な朝鮮半島非核化は実現できるか
　一政　祐行 著

国連って誰のことですか ― 巨大組織を知るリアルガイド
　岩谷　暢子 著

経済外交を考える―「魔法の杖」の使い方
　高瀬　弘文 著

信山社

遠藤直哉　著

【法動態学講座シリーズ】

【法動態学講座１】
新しい法科大学院改革案 ― AIに勝つ法曹の技能／
基礎法学と実定法学の連携

【法動態学講座２】
新弁護士懲戒論 ― 為すべきでない懲戒5類型 為す
べき正当業務型／法曹増員後の弁護士自治

【法動態学講座３】
新弁護士業務論 ― 警備業・不動産業・隣接士業と
の提携／違法駐車取締からAI法務まで

【法動態学講座４】
医療と法の新理論 ― 医療事故調査制度の適正な活
用へ／医療裁判の適正手続化へ

【法動態学講座５】
刑事・民事・行政・団体の法規制モデル ― 法シス
テム解明のミクロ法社会学／法学教育・社会人教育
の新教材

取締役分割責任論　遠藤直哉

信山社